TYROLIS

SUB
FELICI REGIMINE
MARIÆ THERESIÆ
ROM. IMPER. AVG.
CHOROGRAPHICE DELINEATA

a Petro Anich et Blasio Hueber Colonis oberperfussianis
Curante Ignat Weinhart Profess. Math. in Univers. Œnipontana
Ære incisa à Ioa. Ernesto Mansfeld.
Viennæ 1774.

Staunen

Etwa dreitausend Berge habe ich in meinem Leben bestiegen.
Bei fünfzig Reisen zu den Bergen außerhalb Europas habe ich die
wichtigsten Gebirgsketten der Erde kennengelernt. Die Anden wie den
Himalaja, die Berge in der Antarktis ebenfalls wie jene in Ozeanien,
Japan und Alaska. Doch habe ich keine größeren Berge kennengelernt
als die Geislerspitzen von Norden, den Langkofel und die
überhängenden Nordwände der Zinnen. Vielleicht war ich so
überrascht in meinem Kindesalter, so endlos erstaunt als Fünf- und
Fünfzehnjähriger, daß jene Eindrücke nie mehr übertroffen werden
können. Ein gutes Gefühl und eine Liebeserklärung an die Dolomiten.

Reinhold Messner

Zu den Abbildungen
am Anfang und Ende des Buches:

Vorsatz vorne:
Teil von Tirol und den Dolomiten, die 1774 noch
nicht als solche bezeichnet sind. „Dolomiten" nach
Dolomieu hat sich erst Jahrzehnte nach dessen
geologischen Beobachtung durchgesetzt.
(Aus P. Anich und B. Hueber
„ATLAS TYROLENSIS")

Seite 1
Westliche Zinne, Detail der Nordwand.
An ihr zeigt sich, daß der Begriff
„Kletterstandard" keinen Zustand, sondern
einen Prozeß bezeichnet: Die 1959 von
Schweizern eröffnete Techno-Route über
das große Dach, seinerzeit A 3 und VI, hat
im Sommer 1987 der deutsche Sportkletterer
Kurt Albert „frei" bewältigt –
eine Sensation!

Seite 2/3
Die Palagruppe von Nordwesten. Links der
markante Eckpfeiler des Monte Agnèr,
in der Bildmitte die Gipfel von Cima dei
Bareloni, Cima Vezzana, Cimon della Pala
und Pala di San Martino. Den Abschluß der
Kette bilden rechts Sass Maor und Cima
della Madonna.

Seite 4/5
Blumenlos des Haunolds Alpenreich
von Norden. Dahinter die Drei Zinnen.

Seite 6/7
Die Drei Zinnen.

Vorsatz hinten:
Panorama-Karte

REINHOLD MESSNER **MEINE DOLOMITEN**

JUL BRUNO LANER
JAKOB TAPPEINER

120 Abbildungen

Weltbild Verlag

Bild der Arena: Vorn der Langkofel, dahinter in Bildmitte der Sellastock. Am Horizont die Prominenz der östlichen Dolomiten. Von links: Tofane, Sorapis, Antelao und Monte Pelmo.

Jul Bruno Laner

DOLOMIEUS DOLOMITEN

200 Jahre wissenschaftliche und touristische Erschließung

Deodat G. S. T. G. de Dolomieu

Dolomieus Dolomiten

Deodat Guy Sylvian Tancred Grated de Dolomieu kam 1750 auf Malta zur Welt. Forschertrieb, Reise- und Abenteuerlust sind ihm mit in die Wiege gegeben worden und haben sein bewegtes Leben bestimmt. Für einen Forscher war es keine schlechte Ära, in die er hineingeboren wurde als Zeitgenosse Voltaires, Humes, Mendelssons, Pestalozzis und Herders.

Es war gerade die Zeit der Gebrüder Montgolfier, die in den Jahren, als Dolomieu auf Forschungsreisen war, ihre ersten Heißluftballons erst mit Tieren und dann bemannt starten ließen. Eine neue Ära war angebrochen, in der der Traum des Ikarus Wirklichkeit zu werden begann, und bis zum heutigen Tag hat die Faszination, Landschaft und Gebirge von oben zu betrachten, nichts von ihrem Schimmer eingebüßt.

Mit aufgeklärten Augen bereiste der Malteserritter das Mittelmeer und ganz Südeuropa, vorerst zu seinem Vergnügen, später als Naturwissenschaftler, besonders als Mineraloge und Geologe. Von 1777 bis 1783 dauerten seine ersten ausgedehnten Reisen, die er mit intensiven Studien verband. Ende 1788, Anfang 1789 bis 1790 durchforschte er die Gebirge Italiens, Tirols und Graubündens. Im Zuge dieser Forschungsreisen entdeckte er eine Mineralspezies und eine Gesteinsart, die auf einer Calcium-Magnesium-Karbonatverbindung basiert – $CaMg(CO_3)_2$ – und die der maßgebliche Bestandteil dessen ist, was als „die bleichen Berge" in Kunst und Literatur so breiten Eingang gefunden hat und letztlich

Linke Seite:
Geologische Aufschlüsse.
Zutagegetretene Geologie am Aldeiner
Weißhorn.

Unten:
Fallen und Streichen der Schichten.
Die Varella von Nordosten.

11

Schichten
aus Muschelkalk
und Dolomit
sind Seiten
aus dem Buch
vergangener
Äonen
der großen
als es Zeit
nicht gab

Dolomieus Namen erhalten sollte: die Dolomiten.

Der später zum Ingenieur und Professor an der Bergbauschule avancierte Weltenbummler beendete seinen Lebenslauf allerdings nicht mit der „Entdeckung" der Dolomiten. Zwar wurde der kohlensaure Stein nach Dolomieu benannt, doch der ging zur Tagesordnung über: Mit Bonaparte zog er nach Ägypten, kam in Tarent auf der Heimfahrt sogar in längere Kriegsgefangenschaft. Nach Frankreich zurückgekehrt wurde er Professor am Naturhistorischen Museum in Paris, doch der abenteuerliche Forscherdrang ließ ihn nicht mehr los. 1801 starb Dolomieu in Chateauneuf auf einer geologischen Reise.

Das war also der Mann, nach dem die sagenhafte Bergwelt der Dolomiten benannt wurde. Wissen wir auch heute im Vergleich zu den Zeiten Dolomieus etwas mehr, so verbinden wir seinen Namen trotzdem mit jener romantischen Aura des Pioniergeistes, der am Beginn der modernen Erschließung der Dolomiten stand.

Was muß das für ein atemberaubendes Erlebnis gewesen sein für die ersten Fremden, wenn sie vor den riesigen Wänden aus hellem Sedimentgestein standen mit ihrer Mächtigkeit, die tausend Meter oft überschreitet, wenn sie durch steile Täler wanderten, wo die Erosion des Wassers auch die Geheimnisse der tieferen Gesteinsschichten aufgeschlossen hatte mit ihren Verebnungen, Verwerfungen, mit ihrem eigenwilligen Fallen und Streichen!

Doch das heutige Wissen um das Auf und Ab der Erdkruste, um das Driften der Kontinente und die Erkenntnisse über die Plattentektonik riesiger Schollen, die sich gegeneinander und ineinander aufgebäumt und durchdrungen haben, die Ahnungen um das Dröhnen vulkanischer Eruptionen, um das Donnern kalbender Gletscher, das nahezu bilderbuchhafte Ablesen geologischer Zeitalter an Schichten und Schichtstufen, die den Formenschatz der Landschaft mitgeprägt haben, das alles hat uns die Fähigkeit nicht genommen, wie mit Kindesaugen staunend vor dieser dolomitischen Wunderwelt zu verharren und uns in ihr zu ergehen wie in einem ursprünglichen Teil der Schöpfung.

Die Zehnerspitze
mit ihrer charakteristischen
Plattenflucht.
Am Horizont links die Marmolada,
in der Mitte der Piz Boè.

13

Die alte Erde
runzelt
und
schrumpft

kein Tau
glättet
die Falten
am lebenden
Antlitz

Wolkenmeer – Felsenmeer.
Die Feltriner und Belluneser Dolomiten.

Chaos und Kosmos

Der Schöpfungsakt war nahezu vollendet, als die ersten Menschen die Hochtäler der Dolomiten zu besiedeln begannen. In einer harten Umwelt lernten sie die schwere Kunst des Überlebens. Jahrtausende vor unserer Zeitrechnung haben sie am hohen Grödner Joch ihre Spuren hinterlassen. Aus den Jägern und Sammlern wurden Pflanzer und Züchter, und sie entwickelten ihre Lebensformen weiter, verfeinerten ihre Kulturen. Jene waren schnellebig, kamen und gingen und lagerten ihre Zeugnisse im Erdreich ab, ganz wie die Urmeere, die einst fisch- und muscheldurchwimmelt fluteten und mit ihren Kalk-, Gips- und Sandsteinschichten die Vorfahren der Dolomiten sedimentierten; wie die großen Vergletscherungen, die ihr Geschiebe, ihre Schliffe, ihre Mühlen und Moränen zurückließen. Doch das Wirken des Menschen ist nicht minder kompliziert aufzuschlüsseln als Gletscherschliffe und Muschelkalkbänder. Aus dem brodelnden Chaos geologischer Urzeit war also ein geordneter, belebbarer und bewohnbarer Kosmos geworden. Der Col de Flam und die jüngsten Funde am Grödner Joch erzählen viel über die frühen Bergvölker, die in den Dolomiten gelebt haben. Zahlreich sind die prähistorischen Stationen im Dolomitengebiet.

Jahrtausende, bevor die Römer kamen, war der Dolomitenraum also schon besiedelt, und er weist eine mehr oder weniger durchgehende Kontinuität bis in die heutigen Tage auf. Die Römer liebten die Talniederungen als Dauersiedlung und zogen es vor, die Anhöhen und Pässe nur aus verkehrstechnischen Erfordernissen zu benutzen. Heute könnte man annehmen, die Urbevölkerung habe seit immer die Hochflächen der Dolomiten besiedelt und nur diese. Dem ist nicht so, denn die Urbevölkerung besiedelte zwar *auch* die Hochflächen, vor allem und genau so jedoch die klimatisch günstigeren Lagen in den Tälern. Auch in Rätien haben die Römer, wie überall im Imperium, ihren Einfluß hinterlassen, doch verdrängt haben sie die Urbevölkerung nicht. Dies gelang eher den Horden aus dem Norden, die nach dem Zusammenbruch des Römerreiches im Anschluß an die Bayerische Landnahme nach Süden drängten.

Vergraben
unter Sand
und Wetterstein

Eingeschlossen
in tausend Schichten
erstarrter Tränen
schimmert

verblendet

der blaue
Stein
der Hoffnung

Blick über Hochebenkofel und Birkenkofel ins Pustertal.

Canazei unter dem Langkofelmassiv.

Die Urbewohner

Was geschah mit den Ureinwohnern, die ihr eigenes Idiom sprachen, aus dem sich, vermischt mit dem Vulgärlatein, die ladinische Sprache entwickeln sollte? Um die Beantwortung dieser Frage toben Richtungskämpfe unter den Gelehrten verschiedener Disziplinen: Stellen die Ladiner, die heutigen Bewohner der Dolomitentäler, nun eine Verdrängungs- oder eine Reliktkultur dar? Die einen sagen, die Ladiner seien von den eindringenden Völkerschaften aus den fruchtbaren Tälern vertrieben worden und hätten sich in die unwirtlichen Gegenden zurückgezogen, in die sonst keiner hinwollte. Das Gegenargument lautet, die Ladiner hätten immer schon unter anderem auch die Hochtäler besiedelt, nur seien sie in ihrer Abgeschiedenheit viel unberührter geblieben durch den mangelnden Kontakt mit den Eindringlingen, seien also ein Relikt, das Überbleibsel einer Kultur, die anderswo nicht unbedingt zerstört, viel eher verschmolzen und aufgesogen worden sei.

Über den nordöstlichen Dolomiten.
Im Tal Cortina d'Ampezzo, davor die
Cinque Torri. Links im Bild der Stock
der Tofane, darüber die Hohe Gaisl.
In der Mitte der Pomagagnonzug, an
den sich der Cristallo anschließt.
Dahinter die Sextener Dolomiten. Am
Horizont die Hohen Tauern mit dem
Großglockner.

„Ladinia" und das Ladinische

Grate
und
Jöcher
verbinden die Menschen

nur gähnende
Schluchten
und Täler
sie trennen
die Freud
und gleißendes Leid

die Freunde
vom Feind

In diesem Zusammenhang sei darauf hingewiesen, daß sich auch außerhalb der Dolomiten die ladinische Kultur und Sprache weiträumig erhalten hat, so im Friaul und im schweizerischen Graubünden, wo ein Großteil der Ladiner noch lebt, wenn sich auch ihr Idiom in dialektalen Färbungen unterscheidet. Als „Ladinia" des Dolomitengebietes gilt, im Selbstverständnis der Bewohner, das Gebiet um den Sellastock. Es umfaßt Abteital, Buchenstein, Fassa, Gröden und, eingeschränkt, Cortina d'Ampezzo. „Ladinia" ist also ein begrenzter, homogener Raum des „Ladinischen".

Wie dem auch sei, die Ladiner der Dolomitentäler sind ein lebendiges Völklein, das mit seinen 35000 Seelen über Jahrtausende das Reich der bleichen Berge gehalten hat und sich immer noch wacker behauptet, denn noch nie wie heute haben die ladinischen Täler in ihrer Geschichte eine so blühende Wirtschaft entwickelt. Wären sie in ihrer Abgeschiedenheit nicht so tüchtig gewesen, hätten sie wohl nicht überlebt – es gibt eben verschiedene Kulturen, die der Bergvölker und andere.

Die Bergvölker haben stets eine eigene Art gefunden, ihre Beziehung zwischen Natur und Wirtschaft herzustellen, sei es nun die Landwirtschaft, der Bergbau, das Handwerk oder – in neuester Zeit – der Fremdenverkehr, mit dem man zusammenleben muß, um zu überleben. Die Ladiner waren wohl abgeschieden, deshalb aber nicht kontaktarm und isoliert. Besonders die Grödner haben schon seit jeher ihre Nase nicht nur aus ihrem Tal, sondern auch weit in die Welt hinausgereckt. Jahrhundertelang waren sie Zankapfel zwischen der deutschen und italienischen Welt. Vielfach in Einzelgehöften und Streusiedlungen lebend, schien das Bergvolk nur über die Kirche und später über die Schule greifbar.

Im 19. Jahrhundert entbrannte aus eben erwähnter politischer Überlegung auch der sogenannte Enneberger Schulstreit, anhand dessen diese Polarität augenscheinlich ans Licht tritt: Da schien der österreichischen Behörde wohl sehr viel daran gelegen, Enneberg über die Einrichtung deutscher Schulen zu germanisieren und somit dem klerikal-italienischen Einfluß zu entziehen. Der Klerus seinerseits wehrte sich mit Schnäbeln und Krallen, klammerte sich krampfhaft an den italienischen Religionsunterricht; die Vorsteher der Ortschaften des Tales sandten Proteste nach Innsbruck, auch liberale Kreise in Tirol sprachen von einem Gewaltakt, mit dem man einem Volk die Sprache und somit die Identität nehmen wolle.

So ging es jahrzehntelang hin und her, Schulunterricht deutsch, Religionsunterricht italienisch, Schulunterricht deutsch mit einigen Italienischstunden (um den Religionsunterricht begreifen zu können) etc.

Im Jahr 1912 bezeichnet der Ladiner Alois Vittur die dreisprachige Schule einfach als Unding, das Wirrwarr schien in seinen Augen babylonische Zustände zu provozieren.

Die Varella mit ihren eigenwilligen Verwerfungen. Die Fernsicht ist außergewöhnlich: vorne, jenseits des Tales, der Sass Songher (rechts) und der Sellastock (links). Dahinter Langkofel, Seiser Alm und Schlern. Noch erkennbar der Mendelstock und dahinter die Adamellogruppe. Rechts am Horizont die Ortlerkette. Ganz rechts im Bild der Peitlerkofel.

*Friede
den Hütten
die den Krieg nie kannten*

*die fernes Dröhnen
überhört
im Tosen
Blitzen
Donner
echter Götter*

*und in der stillen Luft
der Ruhe
nach dem Sturm*

Das wahre Unding und der echte Greuel ließen nicht lange auf sich warten. Der Weltkrieg brach mit seiner ganzen Vehemenz auch über das Land im Gebirge herein. Man möchte annehmen, es wäre nicht der angebrachte Zeitpunkt, um einen Schulstreit zu ende zu fechten, doch stellte die Regierung im Jahre 1916 (also mitten im I. Weltkrieg) den Italienischunterricht ein. Dabei aber sollte es nicht lange bleiben, denn schon 1921 – Südtirol war durch den Friedensvertrag von Saint Germain zu Italien geschlagen worden – sorgten die Faschisten für die Radikallösung im Streit um Ladiniens Schulen: außer dem Italienischen wurde alles verboten und damit basta! Der I. Weltkrieg hat in die ladinischen Täler eine doppelt spürbare Furche gerissen: zuerst die Wirren und Greuel des Krieges, dessen Front direkt in Fels und Eis über Schluchten und Gipfel lange gehalten wurde, dann die Unterdrückung durch das faschistische Regime Mussolinis, das in seinem fanatisch-nationalistischen Blindflug nichts anderes außer dem italienischen Imperiumsgedanken neben sich tolerierte.
Die in Südtirol lebenden Ladiner haben heute, dank gewisser Autonomiebestimmungen, das Anrecht auf ladinische Ortsnamengebung und Ladinischunterricht in den Schulen. Vor den befürchteten Vermischungen haben sie keine Angst, denn durch seine Grenzen und Gliederungen war dieses Land zwischen Etsch und Piave immer schon Begegnungsraum von Ladinern, Deutschen und Italienern.

Und so erklingen durch den heute blühenden Fremdenverkehr in den Dolomiten alle nur denkbaren Weltsprachen und Dialekte wie eben in einem frohen, verspielten und lebenshungrigen Babylon. Trotzdem ist die Sprache Dolomitenladiniens lediglich vom Deutschen und Italienischen maßgeblich beeinflußt worden. Im übrigen beschränkt sich die Anpassung der Ladiner an ihre Nachbarkulturen nicht nur auf die Aspekte der Sprache und der höheren Kultur, sondern greift auch auf die bäuerliche Welt mit ihren Techniken, Sitten und Gebräuchen und somit auf die Gestaltung der Kulturlandschaft über.

Paradies ohne Grenzen

*Untertan
scheint uns die Welt
von oben*

*von gleich
zu gleich
möcht ich das Tier
umarmen
in dessen Reich
wir sind so lang
zu lang
zu Gast*

*untertan
scheint uns die Welt
von oben*

Eine fast dreißig Kilometer mächtige Erdkruste ist erodiert, zersägt und abgetragen worden, um uns Menschen im Glauben zu lassen, diese Zauberwelt sei eigens für uns „konstruiert" worden, zu unserer ausschließlichen Ergötzung in herrlichen Erholungsräumen. Doch die Berge haben weitestens am Horizont ihre Grenzen, an denen der Gedanke grenzenlosen wirtschaftlichen Wachstums seinen Endpunkt hat. Aus der Luft betrachtet erahnt man das emsige ökonomische Treiben nur. Straßen und Bahnen, Siedlungen und Hütten machen immer mehr Menschen die Berge zugänglich. Die ursprüngliche Bevölkerungsstruktur ist völlig umgewandelt. Vom bäuerlichen Primärsektor wandert alles ab in den ökonomisch zukunftsweisenden Dienstleistungsbereich. Dieser Bewegung entspricht ein gewaltiger Rückfluß der „Freizeitindustriemassen" mit seinen urbanistischen und architektonischen Auswirkungen. Da bleibt für Einfühlung in Sonnenkult und Natur nicht mehr viel Platz.

Ein hamletischer Zweifel kommt auf im ruhigen Betrachter: Wird das weltweit verehrte Götzenbild wirtschaftlichen Wachstums den menschlichen Geist leiten, oder der Gedanke an Glück, an Glücklichsein? Macht sich nicht schon ein zaghaftes Unbehagen breit angesichts der scheinbar ungleichen Auseinandersetzung zwischen wohlgeordneter Ökologie und einseitig ausgerichteter Ökonomie? Die neuen Zeiten ändern Kultur- und Naturlandschaften, die jahrtausendelang im friedlichen Nebeneinander gedeihen konnten und noch

gedeihen. Groß ist unser Vertrauen in die Welt des Meßbaren, Zählbaren und beliebig Reproduzierbaren. Doch so manchem schwärmerisch ·Begeisterten erzählen die Weisen die uralte ladinische Sage vom Orco, die uns vielleicht nachdenklich stimmt:

Reine Luft, klares Wasser, grüne Hochflächen brauchte der Orco. Die Dolomiten waren daher sein Lieblingsaufenthalt, wo er, besonders nahe der sprudelnden Bäche und strahlenden Firnfelder, sein Unwesen trieb. Dabei sagt man, er sei aus fernen Landen dahergekommen, da die Dolomiten für ihn ein Paradies ohne Grenzen darstellten. Halb war er Geist, halb leibhaftiger Zauberer und Rübezahl, bösartig von Natur und den Menschen aufsässig mit jedem Schabernack, wo er nur konnte. Manche sagen, er stamme von einem fernen Volk von Köhlern ab. Das scheint umstritten, doch das kümmerte den Gänsehirten wenig, wenn er vom Bauern verprügelt wurde wegen des tückischen Orco. Wo der vorbeiging, verwandelte er Gänse in Spatzen, die dann lustig zwitschernd davonflogen. Kam er zu einem Hühnerstall, klopfte er aufs Dach, und alle Eier waren zersprungen, geborsten und ausgeronnen. Dafür wuchsen Hexeneier in der Umgebung.

Ein Huster des Orco genügte schon, die Milch sauer werden zu lassen, und mit einem Puster in den Backofen wurde das Brot kohlenschwarz angesengt. Wusch er sich in einem Bach das Gesicht, wurde das Wasser trüb. Die Fische starben und trieben bauchüber abwärts. Selbst die verhexten Pfrillen

Antermoiasee mit Antermoiahütte.
Am Horizont von links Antelao,
Monte Pelmo und Marmolada.

Es regnet
Tropfen der Hoffnung

zwischen Wolken
tauen Strahlen
sanften Glücklichseins

auf die Stadt
in der
Klemme
zwischen
Land und Gebirge

mußten sterben, spuckte er nur einmal in einen Bergsee. Gegen den Orco war kein Kraut gewachsen, kein Weihbrunn half, kein Skapulier und auch kein Segensspruch, sogar an armen Pilgern tobte er seine Wut aus. So ließ er es bei strahlendem Sonnenschein oft regnen und überzog mitten im Sommer Plattenwege mit einer dünnen Eisschicht. Fiel einer dann auf die Nase, hörte man den Orco laut lachen, wie er sich über das Unheil vor allem kleiner Leute freute.

Manchmal verwandelte sich der Orco in ein kleines schwarzes Kügelchen, das unscheinbar am Wegesrand lag. Wehe dem, der darauftrat: es wurde immer größer und größer, und wenn der Mensch fliehen wollte, war die Kugel schon hinter ihm her und wollte ihn erdrücken und hetzte ihn, bis er halbtot vor Erschöpfung am Boden lag. Dann war wieder das höhnische Lachen zu hören, und man roch in der Luft Pech und Schwefel, daß man husten mußte und die Augen brannten. Drei Kehrschaufeln Ruß habe der Orco bei einem einzigen Huster von sich gegeben und drei Tage lang die Luft mit Pestgeruch und Grabesduft verseucht. Deshalb heißt es im Fassatal: „El toffa scheke l'Orco – es stinkt wie der Orco". Heute hört und sieht man auf den Bergen nichts mehr vom Orco, nur seine Jungen spuken da und dort herum, in Luft und Wasser. Denn er selbst hat längst die großen Städte der Ebene aufgesucht, wo er ungestört sein Unwesen treiben kann.

Dort will man nicht viel wahrhaben von seiner Existenz, will nicht an ihn glauben, obwohl er aus Riesenschloten pustet, in Hochöfen hustet und sein Gesicht in Quellen steckt, aus denen Kinder trinken…

In dieser alphabetisierten Welt stimmt uns so ein Mythos, der die wirklichen Grundfragen der Menschheit anspricht, verständnisvoll und nachdenklich, unabhängig von unserem – wie auch immer gelagerten – indoktrinierten Credo.

27

Als Blitz noch Zauber war und Donner Götterstimme

Fürchte nicht
Blitz und Lawine
Donner und Dröhnen
berstende Flächen
gerissenes Fixseil

hinter Zinnen
geborgen
verscheuch die Dämonen
und Drachen

verbirg
hinter Mauern
den Mut

Die Sprache des anderen ist uns oft fremder als die des Tages, der Nacht oder der Mächte der Natur. In der Beobachtung der Natur und im Versuch, deren Phänomene zu erklären, wurzeln vielfach die urbildlichen Vorstellungen des Menschen, aus denen die verbalisierten Mythen entstanden, die dann in die Glaubenstradition der animistischen Religionen eingegangen sind und somit eine eigene Kultur, eine eigene religionshistorische Tradition begründet haben.

Aus der Steinzeit, der Bronze- und Eisenzeit sind viele Burgwälle, befestigte Anlagen mit einer Unmenge von archäologischem Material bis auf unsere Tage gekommen, und ein Großteil der Spuren liegt noch metertief und sicher unter der Erde. Dort warten sie auf ihre Entdeckung, auf unser Wissen um die Lebensgewohnheiten und Glaubensvorstellungen, die eine solche alte Bergvölkerkultur begründet haben.

Das Raufen der Dämonen, die bange Angst und die Hoffnung der Bewohner einer Glaubenswelt, in der alles beseelt und von vitaler Kraft oder lähmender Gewalt durchdrungen war, kann nur aus universalhistorisch angelegten Vergleichen mit anderen Kulturen und späteren Hochkulturen anderer Bergvölker erahnt werden. Denn der Berg entwickelt seine eigene Religiosität: sobald man ihn anbetet, wird er zur Gottheit, sobald man ihn verehrt, wird er zum Heiligtum, zum Göttersitz, zum Hort auch dunkler Mächte. So ist der Berg voller Erdgeister, im Felsen wohnen metallschürfende „Venedigermanndlen", die „Wilde Fahrt" braust über die Jöcher, Zwerge und Riesen bekämpfen sich, jeder Stein hat seine eigene Stimme, seinen eigenen Klang, je nachdem wer ihn anspricht oder wie man auf ihn klopft.

Mythos und Sage mit ihren Göttern und Helden, ausgeschmückt mit märchenhaften Fabulaten, haben auch in den Dolomiten ihre Wurzeln in jenen verdrängten Glaubensvorstellungen, die früh dem Christentum den dogmatischen Vortritt lassen mußten.

Doch die sagenhafte Bergwelt der Dolomiten hat ein zähes Leben. Die Zauberkreise aus Kreide und Kalk haben viele Mythen angeregt und an sich haften. Die spuken in den Erzählungen der Alten und in den Tagträumen der Jungen.

Das fahle Licht der von Nebelschwaden halbverhüllten Sonne setzt irreal anmutende Wirklichkeiten in die Welt. Das sind sichtbare Dinge in den Bergen, die vielen Menschen verschlossen bleiben, wenige Initiierte können sie erahnen, Glückliche erleben sie. Auch in unserer unduldsamen Zeit gibt es noch Freiräume für Norke und Riesen, für Feen und Salige Fräulein, die das Brot vermehren, für Helden, die Bäume ausreißen und Berggipfel umstoßen, denn das kann alles nicht gedacht, geplant, genormt, kalkuliert, konstatiert, kontrolliert, getätigt, vermessen, reproduziert, in Formeln eingefangen und geknetet werden.

Was noch an Mythisch-Magischem lebt, können wir nur erleben und vor uns hin in die Wolken träumen und in den blauen Himmel.

Geheimnisvolle Dämonenwelt des
Langkofels. In ihrer Mitte, wie ein
lauernder Zwerg, die Fünffingerspitze.

29

Die Geislergruppe im Dämmerlicht.
Vorn in der Bildmitte der Sass Songher,
dahinter von links Fermedatürme,
Sass Rigais und Furchetta.

Im Meer der Gipfel ein zu Eis
erstarrter, in den Himmel gehobener See:
der Marmoladagletscher.
Dahinter die Palagruppe.

31

Umwege ins Weglose

*Im
Bilderwiederholungsspeicher
jener verstaubten Scheune
der Erinnerung
wird auf der Tenne
manchen Herzens
alles plattgeklopft
was aufrechtstand*

im Kar

*liegen zerbröckelt
die Felsentürme
der Gedanken*

Obwohl die Bergwelt schon vielfach durch Wege, Bahnen und Lifte erschlossen ist, verbindet man etwa das Bildnis des Plattkofels mit der Vorstellung des Unwegsamen par excellence. Verschiedene Bilder von der Welt der Berge trägt man in sich, denn schließlich kommt es im wahren Sinn des Wortes auf den Blickpunkt an. Man kann den Gipfel von unten betrachten, von oben, aus der Perspektive eines Satelliten, man kann ihn erwandern, erklettern, besteigen, oben stehen, von ihm abfahren, abspringen, abseilen, abstürzen, aufleben, sterben. Je nachdem, welche Bilder vom Berg wir in uns tragen, haben wir andere „Idole" (vom Griechischen „eidolon", das soviel wie „Abbild" bedeutet), und diese Idole projizieren wir nach außen. Das mag wohl auch ein Grund sein für die Vielfalt der Ansichten und Emotionen, die der Reizlaut „Berg" auszulösen vermag. Für die große Masse wird das Wort „Dolomiten" eine Assoziation mit Skiabfahrten und Urlaubswegen hervorrufen. Doch für manche werden Urlaubswege Abkürzungen zu den Umwegen der Direttissima ins Weglose, in eine Welt vieler Götter, neuer Helden, in eine Kultstätte mit verschiedensten Religionen und Sekten. Nur eines verbindet sie alle unmißverständlich: die Vertikale.

Die Vertikale ist eine senkrechte Gerade oder Ebene. In den Dolomiten nimmt die Vertikale einen Formenschatz an, der sich über Wände, Grate, Gipfel, Schultern, Bänder, Dächer, Kamine, Sporen, Pilze und eine Vielfalt anderer geomorphologischer Kuriosa gliedert. In dieser Welt haben die Bergsteiger ihr Betätigungsfeld.

Es gibt freude- und lustbringende Betätigungen verschiedenster Art und Natur. Das Steigen, das Kämpfen mit der Schwerkraft hat die Phantasie und die Kreativität des Menschen von Kindesbeinen an herausgefordert. Unter den Menschen sind trotzdem die Kletterer eine Minderheit geblieben. Für diese wird der Berg zur Arena der Einsamkeit, in die inzwischen auch viele Nicht-Bergsteiger hineinzuschielen begonnen haben.

Verwittert, zerfressen, zerklüftet:
der Latemar.

Laß
mir die Möglichkeit
zum Springen
Steigen
Laufen

Laß
mir die Sicherheit
des Ungewissen
hinter
jedem Felszahn

König Laurins kahles Reich:
das Rosengartenmassiv.
Links im Vordergrund das Tierser Alpl,
rechts darüber die Molignonspitze, daneben
der Kesselkogel. Im rechten oberen Bildteil
die Rosengartenspitze.

Arena aus Kalkstein

Von Auswärtigen nicht selten als „Wesen mit affenartigen Verhaltensmustern" angesehen, von Insidern bewundert und oft abgöttisch verehrt wie mythologische Helden, haben sie, die Bergsteiger, in ihrer Vielfalt bis an den heutigen Tag noch ein gewisses Kreuz mit der Identität, mit dem Warum und Wieso des Bergsteigens, mit den menschlichen Grundfragen, die sich in diesem Zusammenhang ergeben.

Ist Bergsteigen kriegerischem Heldentum gleichzustellen oder ist es gar eine spielerische Ersatzbefriedigung für Krieg? Wenn das so wäre, könnte man es auch umkehren: Ist vielleicht Sport, extremes Spiel mit dem Leben, eine Vorstufe des Krieges, der blutigen Jagd, Männersport als kriegerisches Ritual? (Huizinga, Lammer)

Beim Durchforsten der Bergsteigerterminologie könnte man das fast glauben: ein „Gipfelsieg" wird errungen, der besiegte Gipfel hüllt sein Haupt in Nebel, nach wochenlanger Belagerung ist er „gefallen".

Doch die neuen Generationen der Extremen haben sich immer mehr abgewandt vom Kriegs- und Feldzugsdenken hin in Richtung Egotrip und Selbsterfahrung. Bergsteigen heißt auch eintauchen in die Natur, sie verstehen und mit ihr kooperieren, sich eins fühlen mit allem Lebendigen. Auch der Berg steht in einem Lebensprozeß, ist objektiv ein Stück Natur.

„Bergideologie" mag ein abgegriffenes Wort sein, doch subjektiv gesehen braucht man einen Minimalsatz an Rationalität und das Offensein für authentische Erfahrungen.

Doch es gibt Aspekte der menschlichen Existenz, die mit herkömmlichen wissenschaftlichen Hilfsmitteln nicht einzufangen sind, so die Selbstdarstellung, der Vergleich mit sich selbst und mit der Natur, die Stein geworden ist. Und wer weiß, ob in jenem Aufgehen im Fels nicht atavistisch der Glaube an den Analogiezauber vom „starken Stein" unterbewußt noch weiterwirkt? So wird Bergsteigen einfach eine Möglichkeit, die Welt als Natur zu sehen, die uns umgibt, die uns lange begleitet hat und nicht mehr begleiten zu wollen scheint, weil die Zeit und die sozialen Umstände ihr einen Teil der ursprünglichen Wertbedeutung genommen haben.

Bergsteigen ist also weit mehr als ein mehr oder weniger komplexes Fortbewegungsphänomen im unwegsamen Gelände, ist mehr, als in der Arena der Berge das Reckeln, Krabbeln, Kriechen, Stapfen, Stolpern, Stehen, Gehen, Laufen, Schwingen und Klettern zu beherrschen: Klettern ist… eine Möglichkeit.

Im Wetter
am Grat
an ausgesetzter Stelle
knistert
Elmsfeuer
schimmert
und leuchtet
rund ums winzige Leben
zwischen
Nichtsein und Sein

37

*Im großen
Raum der Berge
gibt's keine
leeren Stunden*

zwischen uns

*Minuten
sind wie Tage
enggepfercht*

*auf kleinstem
Zeitraum*

Die Bergwelt um Cortina von Süden.
Im Vordergrund das Plateau des Monte
Formin, rechts davon die Croda da Lago.
Im Hintergrund, jenseits des Tales, links
der Bergstock der Tofane.

Die Wand
hat mehr Gesichter
als ein langer Fasching
Nächte

Schneekrabbenscheren
versteinert im Kalk

Menschen

sie hängen in der Wand
sie spielen mit dem Tod
als wärn sie
Faschingskinder

Das Langkofelmassiv. Von rechts: Plattkofel, Zahnkofel, Innerkoflerturm, Grohmannspitze, Fünffingerspitze und Langkofel. Links am Horizont die Marmolada.

Vorhergehende Doppelseite:
Die kleinen Geisler (Fermedatürme) von
Süden. Rechts die Mittagsscharte.

Die Drei Zinnen. Links senkt sich der
Paternsattel ab, der wieder zum
Paßportenkopf aufsteigt. Gleich rechts
hinter den Zinnen die Gruppe der
Cadinspitzen. In der zweiten Bergkette
hinten die Marmarole, rechts als die
höchste sichtbare Erhebung der Antelao.

Reinhold Messner

MEINE DOLOMITEN

Aus dem Tourenbuch 1948–1988

Reinhold Messner

Bizarrer Horizont: die Geislerspitzen.
In der Bildmitte die beherrschenden
Gipfel von Furchetta und Sass Rigais;
im rechten Bildteil die Fermeda über der
Gschmagenhartalm.

Reinhold Messner in der Südwand
der Großen Fermeda (1960).

Die Geislerspitzen

Mein erster Eindruck von den Dolomiten, erlebt 1949 auf der Gschmagenhartalm, ist bis heute mein gewaltigster von den Bergen geblieben. Er war überwältigend, so überwältigend, daß ich gerade dort, wo ich damals aus dem Wald heraustrat, später eine Hütte gebaut habe. Mein ganzes Leben lang bin ich von dort aus geklettert.

Ich kann mich noch genau erinnern, wie mir mein Vater erzählt hat, er sei auf jeder der Geislerspitzen gestanden. Damals ist in mir eine Art Wunschschloß entstanden: auch ich wollte auf diese Zinnen steigen.

Mit Schmunzeln und Genugtuung kann ich heute sagen, daß ich nicht nur auf allen Spitzen gestanden habe. Es ist mir gelungen, an jeder der Nordwände der einzelnen Geislerspitzen eine Erstbegehung zu finden – mit einer Ausnahme: der Odla di Valdussa. Alles in allem habe ich an den Geislerspitzen etwa zweihundert Klettertouren durchgeführt. Weil ich damals weniger Können, weniger Erfahrung hatte als später im Himalaja und an den höchsten Bergen der Welt, habe ich als Bub ebenso große Abenteuer erlebt wie später als Erwachsener.

Ich war keine zehn Jahre alt, als ich mit meinem älteren Bruder Helmut und Walter Troj, einem Freund aus Villnöß, eine schwierige Wanderung unternahm, eine selbständige Bergtour. Es ging von St. Peter in Villnöß auf die Kofelwiese und weiter über den Ruefen, auch Aferer Geiseln genannt, in Richtung Peitlerkofel. In den Vormittagsstunden kamen wir am Tullen vor-bei, der höchsten Erhebung der Aferer Geiseln. Der Weg führte über eine riesige Schafalm. Etwa in der Mitte dieses abgestumpften Kalkrückens gingen wir nach rechts hinunter Richtung Kasseril, weil uns ein schlimmes Unwetter vertrieb, mit Blitz und Donner. Mitten im Hagelschauer hatten wir nicht mehr den Mut weiterzugehen. Wir taten recht, wir haben unten in den Almhütten Unterschlupf gefunden. So habe ich erstmals erlebt, was ein Gewitter im Hochgebirge bedeutet. Es hat mir Respekt eingeflößt, jenen Respekt, der mir bis heute geblieben ist.

Als ich zum ersten Mal auf den Peitlerkofel steigen wollte, war ich unsicher. Es war ein Ministrantenausflug, und ich ging nicht bis zum Gipfel. Das hat mich später gestört, denn ich hatte vorher schon schwierigere Touren an den Geislerspitzen gemacht.

Später allerdings ist mir der „Peitler" ein sehr lieber Kletterberg geworden. In seiner Nordwand habe ich die klassische Route wiederholt, die Schließlerroute in der Nordwestwand geklettert und als eigenes „Kunstwerk" in der Nordwand eine Linie erschlossen, nach meinem Empfinden eine ideale Linie an diesem formschönen Berg.

Im Sommer 1968 fand ich mit Günther, meinem Bruder, diesen neuen Weg im Mittelteil der Nordwand: Er weist großzügige Kletterei auf, der Fels ist fast durchwegs gut und es kommen interessante Kletterstellen vor.

Reinhold Messner als Kind bei Kletterversuchen in den Glatschköfeln unter den Geislerspitzen (1954).

Reinhold Messner
in der Peitler-Westwand
(Schliessler/Mayr, 1952,
3. Begehung 1966)

Der Peitlerkofel, der nordöstliche
Eckpfeiler der Dolomiten, zählt zu den
beliebtesten Aussichtsbergen.
Er ist von Süden her über eine
versicherte Steiganlage zu erreichen.
Der Peitlerkofel von Norden – strahlend
und einladend im Sommer, strahlend
und abweisend im Winter.

Hochflächen und Wüsten

Westlich des Abteitales liegt ein ausgedehntes Hochplateau – die Puezgruppe. Einige ihrer markanten Randerhebungen haben es bei vielen Bergfreunden zu Prominenz gebracht wegen ihrer Qualitäten als Aussichtsberge. Aber auch manche Klettertouren haben einen guten Ruf. Hervorzuheben sind in dieser Hinsicht neben dem Sass Songher etwa die Cirspitzen oder der Col Turond. Dennoch darf die Puezgruppe zu den ruhigeren Dolomitengruppen in deren Südtiroler Teil gerechnet werden, Szenen von Massenkletterei wie etwa in der Sella und südlich der Puez, jenseits des Grödner Jochs, sind unwahrscheinlich.

Zu meinen längsten Bergwanderungen gehört ein Marsch von St. Peter in Villnöß über St. Magdalena aufs Kreuzjoch, weiter über die Roascharte in die Puezgruppe – diese Hochfläche habe ich damals noch nicht gekannt und empfand sie als Wüste – und weiter zum Grödner Joch. Über die Cislesalpe und die Panascharte kehrten wir nach St. Peter in Villnöß zurück. Ich war damals keine zehn, neugierig und völlig naiv, was die „große, weite Welt" betraf. Das waren alles in allem sicherlich vierzig oder fünfzig Kilometer Fußmarsch. Wenn man bedenkt, daß ich damals ein Kind war, ist das Erlebnis – der bleibende Eindruck dieses Marsches – am besten beschrieben. Ich würde ihn einem gleichaltrigen Kind heute kaum zumuten.
Am meisten fasziniert hat mich dabei die

Hochfläche der Puez. Sie steht in einem vollkommenen Gegensatz zu den gezackten, zerrissenen Geislerspitzen. Ich kannte die Dolomiten ausschließlich als steile Berge: senkrechte, schroff aufragende Türme! Abweisend und unzugänglich zugleich waren sie für mich. Und nun diese riesige Wüste aus Fels und Schutt. Auf der Puez-Hochfläche lief ich plötzlich über Karrenfelder, aus denen kegelförmige Härtlinge ragten. Das alles hatte mit meinem damaligen Bild von den Dolomiten nichts zu tun. Erst viel später – mit dem Begreifen der Geologie und der Entstehungsschichte der „Dolomiten – habe ich auch diesen Teil meiner „Heimatberge" verstanden.

Reinhold und Helmut Messner bei einer Rast in einer Almhütte (1956).

Die Hochfläche der Gardenaccia mit dem eigenwilligen Härtling des Col de la Sonè. Darüber der Peitlerkofel und die Zillertaler Alpen.

Jugendträume

Die Nordwand der Furchetta, 3025 m hoch, zählte in der Zeit kurz vor dem Ersten Weltkrieg zu den „großen Problemen" des Dolomiten-Kletterns. Berühmte Seilschaften hat sie angelockt – und unverrichteter Dinge wieder abziehen lassen. Fehlschläge, unbelohnte Hoffnungen und Ängste, mittlerweile abgesunken zu unbeachtetem Ballast alpinistischer Chroniken gab es gerade an der Furchetta-Nordwand viele. Einer dieser Rückzüge jedoch hält sich zäh in den Überlieferungen – jener der Zufalls-Seilschaft Hans Dülfer/Luis Trenker aus dem Jahr 1914. Dies nicht zuletzt dank Trenkers erzählerischer Originalität. Die Entscheidung zur Umkehr aus seiner Sicht: „Dülfer hat einen Quergang begonnen. Einen Quergang, den man nur angeht, wenn man sich vor dem Umkehren graust. ... Schwarz war der Abgrund. Totenstille herrschte. Griffe brachen aus. Tritte hielten nicht. ... Es – geht – nicht. Die Mauerhaken-, die Karabiner- und die Scherensicherung, sie halfen nichts, gar nichts hilft da – als – zurück."
Noch mit fünfzehn Jahren glaubte ich, daß die Nordwand der Furchetta undurchstiegen sei, und ich träumte Jahr für Jahr, endlich diese Wand klettern zu können. Ich kannte damals die alpine Literatur kaum, hatte nie einen Kletterführer in der Hand gehabt. So lebte ich in einer Traum-Wunsch-Vorstellung, an dieser Wand früher oder später einmal meine große Erstbegehung durchführen zu können.
Ich kam dann drauf, daß die Furchetta-

Nordwand bereits im Jahre 1925 erstmals durchstiegen worden war. Von Emil Solleder und Fritz Wiessner, zwei der besten Kletterer kurz nach dem Ersten Weltkrieg. Ich war etwa achtzehn Jahre alt, als mir mit Heindl Messner und Paul Kantioler eine Wiederholung dieser Route gelang – meine bis dahin größte Bergtour. Damit hatte ich in meinen „heimatlichen" Dolomitenwänden alles geschafft.
Entgegen vieler Gerüchte über Brüchigkeit und verwickelte Routenführung bin ich der Meinung, daß die Sollederroute schöner ist als ihr Ruf. Sie hat immer noch etwas von jener Faszination. Die Varianten durch die Nordostwand (H. Auckenthaler und H. Buratti 1931, häufige Vereisung und Nässe) und die direkte Gipfelwand (G. B. Vinatzer und F. Riffesser 1932, eine der schwierigsten Routen der Dolomiten, sehr brüchig) haben im Gegensatz zur logischen Sollederroute nur wenige Wiederholer gefunden.
In der Westwand habe ich 1973 eine Erstbegehung durchführen können. Den „Meraner Weg" habe ich allein, „frei solo" würde man heute sagen, zweitbegangen. Eine weitere Erstbegehung ist mir weiter links in der Nordschlucht des Sass dall'Ega (Wasserkofel) gelungen. Dieser ist zwar nicht so hoch wie die Furchetta, aber seine Nordwand ist äußerst abweisend, drohend und brüchig.
Die Varianten eingerechnet konnte ich allein an den Geislerspitzen etwa zwanzig neue Wege finden, Kletterrouten, von denen einige bis heute noch nicht wiederholt sind.

Die kleinen Geislerspitzen mit den Erstbegehungen Reinhold Messners (1962–1976)

Geislerspitzen: Sass dall'Ega, Odla di
Valdussa und Furchetta (von links).

Die Nordwestwand der Furchetta,
formvollendet und steil, ist die
berühmteste Wand in der Geislergruppe.
Als Kinder hatten wir geglaubt – den
Gerüchten der Erwachsenen lauschend –
daß sie undurchstiegen sei und alle
ernstlichen Versuche an dieser Wand
tödlich enden würden.

Wo ein Stück Land zur „Heimat" wird

Die Gschmagenhartalm, unmittelbar am Fuß der Geislerspitzen gelegen, ist für mich der schönste Platz der Welt. Lange habe ich nicht verstanden, warum ich so fühle. Heute glaube ich, daß die Harmonie zwischen den höchsten Almwiesen – auf etwa zweitausend Metern – und den in respektablem Abstand aufragenden Geislerspitzen – die Gipfel dreitausend Meter hoch – cinc so vollkommene ist, wie man sie sonst kaum irgendwo findet. Zwischen der sanften Alm und den schroffen Felsriesen liegen ein Graben mit Wald und die langsam karger werdenden Kare. Es ist also ein Bruch da – und doch kein Bruch. Dieser Anblick, mit fünf Jahren erstmals erlebt, hat mich Dimensionen erkennen lassen und Zuneigung geweckt zu diesem Ort, an dem ich stand.

Vielleicht gehört diese frühe Kindheitserinnerung dazu, die nach und nach mit Spielen, Staunen und Träumen ein Stückchen Land zur „Heimat" werden ließ. Wenn ich heute Südtiroler bin, auch der Dolomiten wegen. Jetzt noch erscheint mir dieser Eindruck, der Blick von Gschmagenhart auf die Geislerspitzen, als Bild vor meinem geistigen Auge, wenn ich an die Dolomiten denke, an diese „Bleichen Berge", die der große Architekt Le Corbusier als die schönsten Bauwerke der Welt bezeichnet hat. Habe ich hier mein Empfinden für Harmonie aufgenommen?

Von der Gschmagenhartalm aus habe ich meine ersten Klettertouren unternommen, und von hier nahm ich im Herbst neue Wünsche mit ins Tal.

„Wir hatten einige Filme von Trenker gesehen und begannen bereits von Karen, Bergen und Seilen zu träumen. Wir hatten zu Hause ein altes Hanfseil und spielten ab und zu ‚Bergsteigen'. Da wurde geklettert, gewandert, geschossen und natürlich auch gestürzt. Letzteres habe ich mir inzwischen abgewöhnt." (Aus meinem Tourenbuch 1959.)

Lange Jahre hindurch habe ich daran gedacht, in Gschmagenhart meinen Wohnsitz aufzuschlagen. Wenn ich später aus dem Dolomitfels in das Urgestein umgezogen bin, nach Juval im Vinschgau, dann nicht deshalb, weil ich den neuen Platz als schöner empfand. Nein. Ich suchte neben Harmonie auch Geschichte, ich kann mich in Juval ausbreiten. Ich spüre übrigens, daß mich Granit ruhiger macht als Dolomit und Kalk.

Ich bin in einem tiefen Tal in den Dolomiten aufgewachsen. Im Talgrund, wo die Wolken oft über einer Talkante auftauchen und innerhalb von Minuten an der anderen Talseite wieder verschwinden. So ist neben diesem starken Gefühl des „Daheim-Seins" früh schon die Neugierde in mir wach geworden: Ich wollte wissen, was hinter diesen Bergrükken liegt. Und hinter den nächsten.

Von den Geislerspitzen aus – zunächst von der Mittagsscharte, dann von den Gipfeln – hatte ich erstmals die Nachbardolomiten gesehen, den Langkofel und vor allem den mächtigen Stock der Sella.

Reinhold Messner im Zelt unter den Nordwänden der Geislerspitzen (1958)

Die durch die Mittagsscharte deutlich
gegliederte Kette der Geislerspitzen.
Rechts über dem Sellastock
die schimmernden Firnfelder der
Marmolada.
Vorn die Gschmagenhartalm.

Langkofel-Arena

Nach vielen Geisler-Touren ging ich häufig in den Grödner-Dolomiten zum Klettern.

Mir ging es um meine eigenen Mühen und Visionen.

Ich kenne heute am Langkofel jedes Band, jede Scharte, jede Route und doch interessiere ich mich noch für so vieles rund um ihn herum.

Berichte und Erzählungen von Dritten befriedigen mich nicht, ich will selbst sehen, den Fels wieder antasten, meine neuen Dimensionen abstecken. Die Arena „Langkofelgruppe" ist und bleibt mir Herausforderung.

Das Langkofeleck, das vom Sellapaß als selbständiger Gipfel erscheint, ist der südöstliche Eckpfeiler des mächtigen Langkofelmassivs.

Die unverkennbar auffallende Rampe, die die Südostwand des Langkofelecks diagonal durchzieht und viel breiter ist als sie von unten erscheint, schreibt mit der Querung am Beginn des letzten Wanddrittels eine Route zwingend vor und noch Jahre bevor ich die Route das erstemal gemacht hatte, wußte ich instinktiv, wo sie verläuft.

Mein Bruder Günther, der sie dann vor mir begangen hatte, schilderte sie mir als großzügige, wenn auch leichte Felsfahrt, die im oberen Teil schwierig zu finden ist. Was er nicht erwähnte und worüber ich deshalb bei meiner ersten Wiederholung nicht wenig erstaunt war, ist der kurze senkrechte Aufschwung unter dem Gipfel, der im Verhältnis zur übrigen Kletterei unvergleichlich viel schwieriger ist. Die Erkletterung dieses letzten Kamins ist dann doch leichter als er

aussieht, und auch der Abstieg ins riesige Amphitheater des Langkofel mit dem eingelagerten Gletscher ist nicht schwierig zu finden. Wichtig dabei ist, daß man nicht zu früh nach links (westlich) absteigt. Ein Abseilen durch die teils senkrechten, wasserüberronnenen Schluchten zum Fassanerband ist schon einigen Seilschaften zum Verhängnis geworden. Interessanter als der Abstieg ist natürlich die gesamte Überschreitung des Langkofel oder eine Begehung der direkten Nordwand.

Die großartige, teilweise aber etwas brüchige Route, die Soldá und Bertoldi im Sommer 1936 in der 1000 m hohen Nordwand des Langkofel eröffneten, zählt bis heute nur wenige Wiederholungen. Im Winkel rechts der Soldáführe, durch eine Schlucht von dieser getrennt, ist der Fels fester. Dort baut sich pfeilerartig eine Wand über der Hauptschlucht auf. Schlucht und Pfeiler vermitteln einen Durchstieg in der Gipfelfallinie, der wohl der direkteste durch die Langkofel-Nordwand ist. Ausschließlich freie Kletterei in gutem Fels. Heute ist diese meine Route schon klassisch. Im Herbst allerdings ist die Führe meist vereist und dementsprechend schwieriger.

Im Frühsommer kann die Einstiegsschlucht ein Wasserfall sein. Für die Monate August und September aber kann dieser Anstieg jedem Bergsteiger empfohlen werden, der lange, großzügige Freiklettereien liebt und der sich auch bei Eis und Schrofen bewegen kann.

Reinhold Messner in den Grödner-Dolomiten (1966)

Eiskaltes Glühen: der Sellastock im Winter; im rechten Bildteil die Boèspitze.

Auf Skitour unter den Geislerspitzen.
Die Gschmagenhartalm im Winter.

Wände voll von Geheimnissen,
Möglichkeiten und Herausforderungen:
Sass Pordoi (Seilbahnstation) und
Sella-Hochfläche.

Reinhold Messner
an der Südwand des
Piz de Ciaváces.
Im Hintergrund der Sass Pordoi (1966)

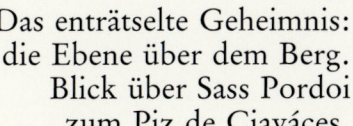

Das enträtselte Geheimnis:
die Ebene über dem Berg.
Blick über Sass Pordoi
zum Piz de Ciaváces.

Bergsteigen ist Maßnehmen

Dem Schauen folgte der Wunsch, zum Gesehenen zu kommen. Die Erfüllung hat lange gedauert. Erst mit zwölf Jahren konnte ich fahrradfahren, mit fünfzehn hatte ich die Möglichkeit, mit Freunden auf einem Motorroller von Villnöß zum Sellapaß und zum Grödner Joch zu kommen. Ich wollte dort klettern. Ich wollte die nächsten Dolomitenstöcke kennenlernen. Ich habe dann viele Dutzend Touren in der Sellagruppe geklettert. Auch Erstbegehungen sind mir gelungen, und einige Male bin ich, im Winter wie im Sommer, quer über diesen dreistufigen Dolomitenrücken gewandert. Ob ich die Sella kenne? Zum Teil.

Als ich zum ersten Mal auf den Sass Pordoi steig, er ist 2952 m hoch, war dies nicht über den Normalweg und auch nicht mit der Seilbahn. Ich wählte den „Spigolo Maria", die Mariakante, die eine ernste senkrechte Klettertour ist. Heruntergefahren bin ich allerdings mit der Seilbahn. Ein dutzend Mal bin ich später durch die Podio-Nordwestwand gestiegen, die ebenfalls auf dem großen Plateau bei der Seilbahn endet. Heute würde ich allerdings lieber zu Fuß heruntergehen, und ich hätte es gern, wenn alle Leute zu Fuß hinauf- und hinabstiegen. Denn nur mit der eigenen Anstrengung, Fuß nach Fuß setzend, kann man den Berg ausmessen und so seinen eigenen Maßstab finden. Mehr und mehr spüre ich, daß das Bergsteigen ein Maßnehmen ist an der Natur. Und an uns selbst. Wie wollen wir erfahren, wie stark oder wie schwach wir

sind, wenn wir nicht ab und zu auf einen Berg hinaufklettern?

In meiner frühen Jugend war die Seiser Alm noch nicht eine mit Wanderwegen überspannte Wiese. Ich kann mich erinnern, daß ich mit meinen Brüdern, mit meiner Mutter dorthin gewandert bin.

Die Santnerspitze, 2413 m hoch, die dem Schlern direkt vorgelagert ist, setzt sich eigenwillig vom Hauptstock ab. Oft war ich dort, und einmal ist es mir gelungen, die Nordkante des „Santner" von Bad Ratzes in zwei Stunden zu klettern, Auf- und Abstieg inbegriffen.

Die Nordwanddurchquerung an der Santnerspitze mit der kurzen, eleganten Kantenkletterei knapp unter dem Gipfel bildet zusammen mit dem Abstieg über die Wickenburgkamine nicht nur eine großzügige Überschreitung, sie gehört landschaftlich zu den reizvollsten Unternehmungen im gesamten Dolomitenraum. Die Tiefblicke lassen die Dörfer unten als Spielzeug erscheinen.

Vor allem im Spätherbst, wenn am Ritten drüben die Bäume die Herbstfärbung angenommen haben, wenn weit unten in Bozen unter der Dunstglocke die Weinbauern ihre Trauben ernten, wenn der Verkehr der Brennerautobahn nicht mehr zu hören ist, wird das Steigen, das Unterwegssein am Schlern und das Klettern an der Santnerspitze ein besonderer Genuß. Es ist wie das Träumen von einer anderen Zeit. Herausgehoben bin ich dann aus dieser Welt und fühle mich wie auf einem vertrauten Stern.

Ausflug auf die Seiser-Alm.
Rechts sitzend Maria Messner.

Schlern mit Euringer- und
Santnerspitze, die sich charakteristisch
vom Hauptstock absetzen. Davor die
Seiser Alm im Spinnennetz von
Erschließungsvorhaben.

Leben in der Senkrechten

Was ich allen
Bergsteigern wünsche:

Einen Wandertag,
an dem sich alle
Wolkenspiele,
alle Einzel-Geräusche,
alle Bewegungen
in der Brust
zur Welt schließen.

Einen Spaziergang
über die Außenwelt
in die Innenwelt.

In den Alpen gehören die Dolomiten zu den späterschlossenen Gruppen. Als etwa in der Schweiz und in Frankreich nahezu alle Viertausender erstiegen waren, hatten dominierende Gipfel wie Marmolada, Drei Zinnen oder Pelmo noch den Nimbus der Unersteigbarkeit. Vor allem die schwieriger zugänglichen Berge erlebten erst um die Mitte der sechziger Jahre des letzten Jahrhunderts ihre „Erschließungswelle".

Der an Erstersteigungen wohl erfolgreichste Dolomitenbesucher dieser Tage war der Wiener Paul Grohmann. 1869 erreichte er endlich den bis dahin unbetretenen Hauptgipfel des im wörtlichen Sinn wohl unwegsamsten Dolomitenmassivs, des Langkofels.

Grohmannspitze, Innerkoflerturm und Zahnkofel sind die weniger beachteten Zacken im gewaltigen Massiv des Langkofel, der 3181 m hoch ist. Der „Saßlong", ladinisch, was wohl der „lange Stein" bedeutet, beherrscht das Grödner Tal. Aber auch vom Sellajoch aus zieht er den Blick der Touristen und Wanderer auf sich. Die drei „kleinen" Nachbarn stehen in seinem Schatten, dennoch sind sie in jeder Hinsicht typische Dolomitenformationen. Gerade an ihnen gibt es phantastische Klettertouren.

Am Zahnkofel ist es mir erst in meiner „Dolomiten-Nachlese" gelungen, eine kühne Erstbegehung durch die Ostwand zu legen. Diese habe ich deshalb besonders genossen, weil ich in den siebziger Jahren sonst mehr im Eis und in der Hochgebirgs-

natur des Himalaja unterwegs gewesen bin als im Fels.

Diese späte Erstbegehung hat mich zurückversetzt in jene Zeit, da ich als junger Bub in der Senkrechten gelebt hatte. Ich wurde erinnert an jene Tage, als all mein Wünschen und Trachten allein auf die vielen Spalten, Risse und Wände in den Dolomiten ausgerichtet gewesen war. Damals hatte ich jede freie Minute damit verbracht, in den Wänden herumzuklettern. Im Winter brütete ich über den Führern, studierte Unterlagen über die einzelnen Routen. Um alles zu wissen, was es zu wissen gab, las ich alle erreichbaren Bergbücher. Im Sommer dann wollte ich erfahren durch Wandern, Steigen, Klettern... Das war mehr als lesen, mehr als wissen. Das war erkennen.

Nebenschauplätze.
Die wenig beachteten
Langkofeltrabanten Platt- und
Zahnkofel (von links).
In den Wolken Innerkoflerturm und
Grohmannspitze.

Winterstimmung im Rosengarten.
Rosengarten Nordgipfel (ganz links),
Laurinswand (Zacken). Das verschneite
Gartl als Hochtal dazwischen.
Vajolettürme (Mitte und rechts).

Im Felslabyrinth König Laurins.
Versteckt zwischen Vajolettürmen
(links), Laurinswand (rechts vorn) und
Rosengartenspitze (rechts oben) das
Gartl (Kar mit Hütte).

Bohrhaken und Freiklettern

Nach der Schulzeit in Bozen habe ich einmal, ich war vielleicht achtzehn, oberhalb der Gardeccia eine Woche lang campiert. Wir waren eine Handvoll Gleichaltriger, die sich in den Kopf gesetzt hatten, die schwierigsten Routen in der Rosengartengruppe zu klettern.

Es gelangen uns schöne Touren wie zum Beispiel die Südwand des Winklerturms, die immerhin den VI. Schwierigkeitsgrad aufweist, ein magischer Begriff, der mit „schier unmöglich, heldenhaft und gefährlich" gefüllt war. Richtig kennengelernt habe ich die Rosengartengruppe allerdings erst später, als ich oft im Norden der Vajolettürme unterwegs war und am frühen Morgen oder am späten Abend irgendwo im Kar saß und hinaufschaute in die von Nebel umspielten Zacken; als ich in der Nordwand der Rosengartengruppe die Vinatzerroute wiederholte oder öfters die Stegerroute in der Ostwand der Rosengartenspitze kletterte. Heute, nachdem ich etwa hundert Anstiege allein in dieser Gruppe kenne, glaube ich den Berg erfaßt zu haben. Trotzdem fehlt mir ein Maßstab für ihn. Er ist mir abhanden gekommen. Um lebendig mit einem Berg verbunden zu sein, muß ich wieder und wieder dorthin gehen, ihn erschauen und erfahren. Nur durch das Steigen, das Klettern, das Wandern ist dies schlußendlich möglich. Ansonsten kommen mir nach und nach, trotz meiner vielen Erinnerungen, die Dimensionen abhanden. Es ist dann, als ob dieser Berg nur ein Bild wäre, ein Luftberg oder eine Vision in der Erinnerung.

Ich war der Volksschule gerade entwachsen, als ich aus den Zeitungen von der Erstbegehung der direkten Rotwand-Südwestwand hörte, die Lothar Brandler und Dietrich Hasse 1958 gelungen ist. Jahrelang habe ich davon geträumt, diese Route wiederholen zu können. Die beiden Erstbegeher waren für mich wohl Idole.

Erst viel später habe ich erkannt, daß diese und viele andere Routen in jener Zeit allein dank des Einsatzes vermehrter technischer Hilfsmittel erklettert worden sind. Diese Anstiege, die 1958 noch abseits des damals „frei" Möglichen lagen, waren mit Bohrhaken „erzwungen" worden. Als ich die Erfahrung und das Können hatte, diese Art von Routen zu klettern, habe ich sie mir vorgenommen und einige wiederholt. Meine „Ideale" aber habe ich mehr beim klassischen Bergsteigen gesucht. Und gefunden! So habe ich mit Begeisterung die Route von Otto Eisenstecken wiederholt. Sie zieht zwar im linken Wandteil durch die Rotwand-Südwestwand, ist aber eindrucksvoller als die „Hasse/Brandler". Vor allem ist sie fast ausschließlich in freier Kletterei erstbegangen worden – ein Beweis dafür, daß es in Südtirol knapp nach dem Zweiten Weltkrieg exzellente Vertreter der Kletterkunst gab. Pioniere dessen, was man heute „Sportklettern" nennt. Diese junge Disziplin des Kletterns hat allerorts viele Anhänger und ihr Können ist zum Teil phänomenal.

Reinhold Messner in der Südwand der Mugonispitze (1968).

Die Rosengarten-Rotwand.
Rechts im Kammverlauf die
Teufelswand. Darunter Wege ins
Weglose,
von Tausenden von Schritten zart
ins Kar gezeichnet.

Alles Warum und Wieso vergessen...

*So viele Touren,
so viele Wünsche.
Die Lieblingstour?
Ich kann mich
auch nicht
für zehn entscheiden.
Denn hier ist
nichts so greifbar,
daß ich sagen könnte:
Die ist es!
Oder:
So sollen sie sein.
Ich kann mich
nicht festlegen,
ich will frei sein,
von jedem
Ein-für-alle-mal.*

Die Rosengartengruppe ist nicht nur alpinistisch, sondern auch mythologisch interessant. König Laurins Rosengarten ist wohl der bekannteste Platz in den gesamten Dolomiten. Diesen „Berg" kennt fast jeder, der mit dem „Land im Gebirge" etwas zu tun gehabt hat und mit seinen Bergen, die Lebensraum und sagenhafte Welt zugleich sind, vertraut ist.

Die Dolomiten sind eine unwirkliche Welt! Wenn man sie gegen den Himmel betrachtet oder den Zentralalpen gegenüberstellt, glaubt man zu träumen. Die Dolomiten sind eine noch unwirklichere Welt, wenn man hoch über den Tälern an ihnen klettert.
Die Mugonispitze, 2750 m hoch, in der südlichen Rosengartengruppe ist ein extremer Kletterberg. Ein Dutzend schwieriger und schwierigster Kletteranstiege haben mich immer wieder dorthin gelockt. Einige konnte ich wiederholen, und auch hier ist es mir gelungen, eine neue Route zu erschließen.
Eine neue Route zu erschließen bedeutete für mich schon vor 25 Jahren mehr als nur zu klettern. Es ging mir auch nicht nur darum, in eine unbekannte Welt vorzustoßen. Es bedeutete kreieren, intensiver leben. Es bedeutete für mich, wochenlang mit einer Vorstellung zu leben, dann stundenlang zu vergleichen, zuletzt zu realisieren. Die Idee ist nur die Hälfte einer runden Geschichte. Wenn die Vorstellung Realität wird, verdoppelt sie sich. Wenn ein „Traum" in der Tat, am Berg, erlebt wird,

entsteht ein Kunstwerk. Das ist Erkennen durch die Tat: einerseits den Fels zu spüren, die Risse und Kanten und Griffe zu sehen, an denen man wirklich hochklettern kann, andererseits die Idee zu leben und darüber alles Warum und Wieso zu vergessen. Die Rosengartengruppe war damals, wir sagten „leider", alpinistisch schon reichlich erschlossen. Heute ist fast alles begangen. Aber klettern kann man auch heute noch dort und jeder findet seine Lieblingstour.
Ich habe keine Vorstellung von der Lieblingstour schlechthin. Ich lasse mich vom Berg überraschen, so wie er mich bei der Erstbegehung der Nordwand des Zweiten Sellaturms überrascht hat, in der neuen Südwandführe an der Marmolada oder an der Nordwand der Cima della Madonna. Eine Wand übertrumpft die andere an Schönheit und trotzdem kann ich keiner den Vorrang geben. Drei Erstbegehungen, und jede war als Ganzes genommen rund, ein Kunstwerk. Vielleicht spreche ich selbstherrlich, vielleicht legt mir mein Gedächtnis nur die schönen Seiten dieser Bergerlebnisse vor — es kann sein.
Es gibt noch tausend andere Wege im Kletterreich der unbegrenzten Möglichkeiten. Da sind vor allem die klassischen Vierertouren in den Dolomiten... die Fährmannverschneidung an der Guglia di Brenta, der Kieneiß an der Fünffingerspitze, die Nordwestwand des Saß Pordoi, Schleirkante... Punta Fiammes...

Die Ostwand der Rosengartenspitze.
Rechts die Vajolettürme, am Horizont
die Gletscherlinie von Cevedale,
Königsspitze und Ortler.

„Im weiten Hochtal, das wir erklommen hatten, war einfach nur Ruhe da, nach allen Himmelsrichtungen hin unendliche Ruhe. Diese Stille machte sich auch in uns breit, während wir – jeder für sich – tiefer in diese Einsamkeit vordrangen. Je lautloser die Weite wurde, desto mehr fühlte ich das Verlangen zu rufen, zu schreien, laut mit mir selbst zu reden. Plötzlich begann ich zu blöken, irgendwelche Urlaute auszustoßen. Es ging mir dabei nicht darum, das Schweigen zu zerstören, ich mußte Maß finden für die Stille, die sich um uns herum bis zur Unendlichkeit auszudehnen schien. Bald riefen wir beide – abwechselnd – und lauschten jedem Laut, der von den Wänden widerhallte."

Magnete für Mythen:
die „Puppen" im Latemar.

Getragen von der Neugierde auf Neuland

Der Latemar, 2846 m hoch, gilt unter den Kletterern als brüchiger Felsberg. Trotzdem gibt es gerade an ihm unzählige Kanten und Pfeiler, die den Kletterer fordern. Auch findet sich in diesem Massiv eine Unmenge von Wanderwegen, ausgetretene und noch zu erfindende, die an diesem Bergstock zum Gehen, zum Steigen einladen. Erst in den letzten Jahren bin ich wiederholt über den Latemar marschiert. Da und dort habe ich einen kleinen Turm bestiegen, mich danach aber nicht gefragt, ob ich vielleicht der erste gewesen war.

Es interessiert mich heute nicht mehr, Erstbegehungen zu machen. Lediglich eines ist mir wichtig geblieben: unterwegs sein zu können. Es tut gut, meine Phantasie von diesen Felszinnen angeregt zu spüren.
Wer als Bergwanderer oder Kletterer pauschaliert und behauptet, die Dolomiten seien übererschlossen, liegt falsch. Gerade am Latemar gibt es noch ungezählte Möglichkeiten für den Bergwanderer, für den meditierenden Alpinisten und für den agierenden Bergsteiger, kreativ unterwegs zu sein. Getragen von der Neugierde auf Neuland fühle ich mich in der Wildnis geborgen. Wo kein menschlicher Fuß die Schlunde, Hochflächen, Grate und Zacken betreten hat, ist Wildnis mir heilig.

Aber auch unterwegs zu sein und auf all die Spuren einer hundertjährigen Alpinerschließung zu stoßen, ist mir wichtig.

Hier nun gerafft die Historie zur Entwicklung der Kletterkunst in den Dolomiten:

1869	Langkofel	(Grohmann)
1881	Kleine Zinne	(Innerkofler)
1887	Winklerturm	(Winkler)
1890	Kleine Zinne Nordwand	(Innerkofler ecc.)
	Fünffingerspitze	(Schmitt/Santner)
1895	Delagoturm	(Delago)
1897	Laurinswand	(Rizzi ecc.)
1899	Guglia di Brenta	(Ampferer/Berger)
1900	Punta Emma von Nordosten	(Piaz)
1905	Crozzon di Brenta Nordkante	(Schneider/Schulze)
1910	Kleine Civetta Nordwestwand	(Haupt/Lömpl)
	Croz dell Altissima	(Dibona ecc.)
1914	Kesselkogel – Südwand	(Dülfer)
1921	Agnér – Nordwand	(Jori ecc.)
1924	Pelmo – Nordwand	(Simony/Rossi)
1925	Civetta – Nordwestwand	(Solleder/Lettenbauer)
1929	Marmolada – Südpfeiler	(Micheluzzi)
1932	Furchetta – Nord	(Vinatzer)
1934	Torre Trieste – Südwand	(Carleso/Sandri)
1936	Marmolada di Rocca – Südwand	(Vinatzer/Castiglioni)
1938	Piccolo Dain	(Detassis ecc.)
1941	Torre di Valgrande – Südwand	(De Toni/Pollazon)
		(via delle guide)
1946	Punta Emma – Nordwand	(Eisenstecken ecc.)
1951	Cima su Alto – Nordwestwand	(Livanos/Gabriel)
	Scotoni – Südostwand	(Lacedelli ecc.)
1957	Punta Tissi – Nordwestwand	(Philipp/Flamm)
1958	Große Zinne direkte Nordwand	(Brandler/Hasse)
1964	Torre d'Alleghe – Nordwand	(Bellenzier)
	Marmolada d'Ombretta via dell Ideale	(Aste/Solina)
1968	Heiligkreuzkofel – Mittelpfeiler	(Messner)
1970	Marmolada Südwand	(Gogna ecc.)
1972	Scotoni – Via dei Facchiri	(Cozzolino ecc.)
1978	Cima della Madonna – Südwand	(Manolo ecc.)
1981	Marmolada d'Ombretta	(Koller/Šustr)
	„Weg durch den Fisch"	

Reinhold Messner beim Rückzug aus der Scotoni-Südostwand (1967).

Gegen Abend
endlich
der Moment
da ich mich
freigewandert habe.

Und
ich setze
mich ins Gras.

Als ob man
hinaufsteigen müßte
zu sich selbst.

Spiel-Raum. Im Latemar gibt es noch
ungezählte Möglichkeiten für den
Bergwanderer, für den meditierenden
Alpinisten und so auch für den agierenden
Bergsteiger, unterwegs zu sein.

Westlich der Etsch

Die Brenta ist das bevorzugte Klettergebiet der Trentiner. Diese Gebirgsgruppe ist zwar schon lange vor der Zeit, als die Klettersteige in Mode gekommen sind, durch gesicherte Routen erschlossen worden, doch als Allerwelts-Wandergebiet taugt sie selbst angesichts ihrer recht lückenlosen Hütten-Infrastruktur auch heute noch nicht. Viele der Routen führen für Dolomiten-Verhältnisse in große Höhen. Gletscher und Eisrinnen sind in dieser südlichen Alpengruppe nicht selten.

Die Felswände in diesem Gebiet gehören zu den imposantesten im gesamten Alpenraum. Ihre Haupterschließung geht in die Zeit des „klassischen Alpinismus" und des „Sesto Grado" zurück. Was die spektakulären Neutouren anbelangt, steht die Brenta heute ein wenig im Schatten ihrer Nachbarn östlich der Etsch.

In meinem Empfinden, das sich von Geographen nicht stören läßt, gehört die Brentagruppe zu den Dolomiten. Sie liegt zwar westlich der Etsch und ist durch deren Taleinschnitt vom Hauptstock der Dolomiten abgetrennt. Aber sie ist, wenn auch nicht nach geologischer Konvention, den übrigen Dolomiten sehr ähnlich.

Aus der Perspektive des Kletterers ist die Brenta einer der schönsten Stöcke aus Dolomitgestein. Dasselbe werden auch Wanderer bestätigen und vor allem die vielen begeisterten Begeher der berühmten Klettersteige. Es gibt kein Gegenstück zum alten, berühmten Bocchetteweg. Nirgends sonst können Sie in eine Arena hineingehen, die Dimensionen so schnell klar werden läßt. Die Arena, wie sie sich in der Brentagruppe vor Ihnen ausbreitet, ist leider meist übervoll. Keine „Arena der Einsamkeit".

Über viele Jahre hinweg habe ich je eine Woche im Sommer in der Brentagruppe gelebt, dabei Tag für Tag einen Gipfel bestiegen, manchmal sogar mehrere. Und immer wieder habe ich neue Wege kennengelernt. Am gewaltigsten, nicht nur weil er so in Erinnerung geblieben ist – als Eindruck und auch als Erlebnis –, ist für mich der Crozzon di Brenta. Schon seit der Erschließerzeit gilt er als „das Prachtstück der ganzen Brentagruppe". Obwohl er eigentlich nur ein mächtiger Pfeiler ist, der vom Massiv der Cima Tosa nach Nordwesten vorspringt, wirkt er vor allem vom Val Brenta aus als völlig eigenständige, steil aufstrebende Felsgestalt. Ich habe ihn über seine Nordwand, über die Nordkante, den Franzosenpfeiler, die Nordostwand und auf dem Normalweg erklettert. Jedesmal habe ich ihn von einer anderen Seite und bei anderen Wetterbedingungen, unter anderen Schneeverhältnissen und bei anderen Stimmungen kennengelernt. Trotzdem ist dieser Berg für mich bis heute geheimnisvoll geblieben – geheimnisvoll, wie er, als Bild, auch im „Blauen Licht" dasteht. Im berühmten Riefenstahl-Film aus den dreißiger Jahren spielt er eine Hauptrolle. Als ein für die Einheimischen unbegreiflicher Bergkristall ragt er in den Himmel.

*Ich sage
die Brenta
sei einmalig;*

*er sagt
die Marmolada
ist einzig;*

*und beide
haben wir
recht.*

80

Die Brentagruppe,
das umstrittene Familienmitglied der
Dolomiten westlich der Etsch.
Etwa in Bildmitte die Bocca di Brenta,
die Hauptgipfel Cima Tosa (links)
und Cima Brenta (rechts) trennt.
Vorn der – mittlerweile aufgestaute –
Molvenosee.

Freshfield nennt den Crozzon eines der merkwürdigsten Denkmäler der schaffenden Natur. Als er sich ihm genähert habe, sei die Kühnheit seiner Umrisse nahezu unglaublich geworden. Er fordere zum Vergleich heraus mit dem Matterhorn vom Hörnli und dem Cimone della Pala von oberhalb Panereggio. Er vereinige die edle Festigkeit des Schweizer Berges mit der eigentümlich aufstrebenden Struktur, welche dem Dolomit die wunderbare Ähnlichkeit mit den Bauwerken der Menschen verleiht.

Über dem Kletterparadies der Brenta. Von links Torre di Brenta, Sfulmini, Campanile Alto und Brenta Alta (vor der sich die Guglia nur schwach abzeichnet). Jenseits der Bocca di Brenta dann Brenta Bassa, Cima Margherita, Cima Tosa und Crozzon di Brenta.

Zerrissen von Blitz und Wetter

Bei der Schilderung seines Rückweges von der Tosa sagt der englische Alpinist Freshfield: „Laufe den Zickzackweg hinter der Bocca di Brenta zur grasigen Hochfläche im Val Brenta rasch hinab, dann wende dich zwischen den Zwergkiefern plötzlich um und schaue gerade hinauf in den Himmel, wo mehr als 4000 Fuß über dir die Wolken rund um den Staunen erregenden Felsturm kommen und gehen, der einzeln und ohne Stützen emporschießt, bis sein Gipfel sich im Äther verliert. Nirgends in den Alpen wirst du einen so tiefen Eindruck von stolzer, unvermittelter Höhe haben." Und links dahinter diese Türme!

Wie von Blitz und Donner zerrissen sehen die Sfulmini aus. Klein, versteckt, mitten drinnen der Campanile Basso, wie die Italiener die „Guglia di Brenta" nennen. Zierlich dieser feingezeichnete Turm, der die wohl bekannteste unter den Felsgestalten in der gesamten Dolomitenwelt ist, bleibt er ein Symbol. Ein Symbol für die Logik des Kletterns. Erst 1899 gelang es nach vielen Anläufen Ampferer und Berger, zwei Innsbrucker Kletterern, erstmals auf diese Zinne zu steigen.

Das war damals eine Sensation! Jeder Kletterer, der etwas auf sich hielt, hat in den letzten Jahren vor dem Ersten Weltkrieg diesen Berg versucht: Dülfer, Piaz, Preuß, Dibona, Wenter, Fehrmann ...

Wie es sich für einen so spät „eroberten" Gipfel gehört, hatte auch die Guglia lange Zeit als unersteiglich gegolten. Der nachfolgende Text Ampferers ist also Zeugnis einer Besitzergreifung. Er spiegelt das sichere, nach innen hin still triumphierende Wissen, etwas Bahnbrechendes geleistet zu haben, wider:

„Unser Gipfel, den wir als neuentdecktes Land mit gehöriger Neugierde untersuchten, stellt eine fast ebene, ziemlich ausgedehnte Fläche dar, auf welcher große Steine, die Reste eines höheren, verwitterten Stockwerkes lagern. Aus den Trümmern dieses ehemaligen Gugliakopfes rüsteten wir einen Steinhaufen zusammen, in dem wir die Nachricht unserer Anwesenheit verwahrten."

Meine lebendigste Erinnerung dort spielt an der Südwand. Da gelang es mir, die Fehrmannroute in weniger als einer Stunde allein zu durchklettern und anschließend gleich über die Ostwand abzusteigen – alles frei, nur Hände und Füße am Fels. Ohne Seil, ohne Haken, ohne Rucksack, ohne Ballast und auch ohne Sicherung. Ich war das Steigen und es gab nur noch Fels.

Im Stillen hoffe ich,
daß ich morgen
ebenso schöne Touren
gehen kann,
wie ich sie gestern
in der Brenta
kennengelernt habe.

So bin ich frei
für das Unerwartete,
für das Unbekannte.

Die Brenta bei „Rückzugswetter".
Eingerahmt von Cima Tosa (links) und
Cima Brenta (rechts) die Türme von
Cima Brenta Alta, Guglia, Cima Alta,
Sfulmini und Torre di Brenta.

Korallenriffe am Horizont

Bei unserem Rundflug über die Dolomiten sehen wir, wie aus dem Zentrum der Erde die einzelnen Dolomitenstöcke wie Korallenriffe in die Abendsonne ragen. Startend von der Geislergruppe, in der ich aufgewachsen bin, sind wir nach Westen und langsam nach Süden geflogen – ins Herz der Dolomiten.

Unmittelbar vor uns jetzt die gewaltige Mauer der Marmolada, 3342 m hoch, die im Süden bis zu tausend Meter tief und einige Kilometer breit abfällt, wie eine Mauer. An dieser Wand konnte ich mehrere neue Ideen verwirklichen. Trotzdem mußte ich einige von ihnen der nächsten Generation überlassen, so zum Beispiel den „Fisch", 1970 noch eine Erstbegehungsmöglichkeit im zentralen Teil der Wand. Dort, wo es kaum noch Griffe und Vorsprünge gibt, dort, wo die Wand am glattesten ist, wollte ich einen Traum verwirklichen. Mein Spieltitel für diese Idee war „Butterfly".

Wie ein riesiger Bauch schiebt sich die Südwand der Marmolada d'Ombrella aus der mächtigen Wandflucht des höchsten Dolomitengipfels vor. Die Wand ist hier nicht nur am höchsten, sie ist in ihrer Gesamtheit geschlossener und steiler als sonstwo an diesem „vollkommenen Berg". Nur oben, knapp unterm Gipfel durchziehen tiefe Risse und Schluchten die hellen Kalkfelsen und geben diesen Gliederung. Die dunklen Wasserstreifen, die am unteren Ende dieser Ausstiegsschluchten ihren Anfang nehmen und teilweise wie Flecken, teilweise wie Fäden über die Wand ziehen, zeugen von der häufigen Vereisung und Nässe der Schlußwand. Die Route, die der Roveretaner Amando Aste zwischen dem „Conforto Riß" (1939) rechts und dem mächtigen Verschneidungssystem links (inzwischen auch durchstiegen) gefunden hat, verrät wie viele seiner anderen Erstbegehungen viel Erfahrung, Einfühlungsvermögen und Sinn für Eleganz. Die Führe, die wenig links der Gipfelfallinie – die Gegebenheiten des Berges ausnützend – geschwungen und doch gerade durch diese fast 1000 m hohe Wandflucht zieht, wurde von ihm „via dell' Ideale" getauft. Wäre sie ohne Bohrhaken erstbegangen worden, würde ich sie als die „schönste Route" der Dolomiten bezeichnen. Aber auch mit diesem kleinen Schönheitsfehler gehört sie nach wie vor zum Schönsten, was man derzeit in den Dolomiten klettern kann, sie ist ein „idealer Weg". 1967 habe ich ihn wiederholt.

Ich persönlich hatte das Glück, ein gutes Dutzend Routen an der Marmolada kennenzulernen. Vier neue Routen habe ich dort gehen können: die Plattenmauer links vom Südwestpfeiler, den Südwestpfeiler selbst, den Südtiroler Weg auf die Punta Penia, auf den Hauptgipfel also, und die gewaltige Plattenflucht auf die Marmolada di Rocca, eine direkte Fortsetzung der Vinatzerroute. Letztere ist bereits in den dreißiger Jahren erschlossen worden und gilt heute noch als eine der kühnsten Felsklettereien aus der Zeit des „sesto grado".

Die Südwand der Marmolada gehört zu den berühmtesten Dolomitenwänden. Ihre Gliederung schreibt zwei Routen zwingend vor und die landschaftlichen Aus- und Tiefblicke sind überaus eindrucksvoll. Die Wand wird vielleicht deshalb relativ selten begangen, weil sie abseits von den Straßen liegt und Gewitter hier häufiger sind als anderswo in den Dolomiten.

Im Herzen der Dolomiten.
Das Bild wird bestimmt von der
gewaltigen senkrechten Ebene
der Marmolada-Südwand.
Knapp nach der Jahrhundertwende
gelang nach einigen gescheiterten
Versuchen der Engländerin Beatrice
Thomasson, die sich diese Wand in den
Kopf gesetzt hatte, mit den Bergführern
Bortolo Zagonel und Michele Bettega
aus Fiera di Primiero der Durchstieg.

Die Südwand der Marmolada.
Von links Punta Penia, Punta di Rocca
und Cima d'Ombretta (in der Mitte).

Reinhold Messner bei der Erstbegehung
des Südtiroler-Weges in der Marmolada-
Südwand (1968).

Ein See, in den Himmel gehoben

Wie ein in den Himmel gehobener See liegt der Marmoladagletscher mitten in der Landschaft. Ein Gletscher ist wie ein See – gespeichertes Wasser.

Das Bild der Marmolada von Norden zeigt die im Sinne der Alpinisten untypische Perspektive, obwohl über diese Seite Grohmanns Normalanstieg führt.

Diese Flanke nährt die Illusion eines unbedeutend-harmlosen Firnbuckels, doch die trügt: Durch die Wand rechts des markanten Felsdreiecks (von dem aus der Grat zur Kuppe der Punta Penia und damit zum höchsten Punkt der Dolomiten zieht), verläuft ein bis zu 55 Grad steiler Eisanstieg, dessen Erstbegehung gerade drei Jahrzehnte zurückliegt.

Die Dolomiten sind kaum vergletschert, und trotzdem gibt es an einigen Bergen interessante Eiskletterrouten – nicht nur an der Nordwand der Marmolada di Penia oder der Marmolada di Rocca, auch in der Rinne zwischen Crozzon di Brenta und Cima Tosa, am Antelao, am Monte Cristallo und an der Cima Brenta.

Im vergangenen Jahrzehnt hat es der „homo ludens" gewagt, als kühner Skifahrer über die steilsten Eisflanken der Dolomiten abzufahren.

Hinaufklettern „tun" wir schon seit hundert Jahren, aber abfahren? Ein junges Spiel, von den Dolomitengipfeln herunterzukommen, ist das Abspringen mit dem Gleitschirm oder, etwas älter, mit dem Hängegleiter. Ein Spieler, der Luft und Winde auszunutzen versteht, kann die Dolomiten erleben, wie wir sie in diesem Buch zeigen: von oben.

Im Hintergrund steht versteckt die einsame Agnérkante über dem abgeschiedenen Valle di San Lucano. Sie ist für mich längst Erinnerung. Im Winter lernte ich sie kennen, bei 20 Grad unter Null – diese große, diese hohe, diese ernste Kante. Harter Einsatz – drei Tage und zwei Nächte lang. Im Sommer aber, begleitet von kühlen Schatten, muß sie traumhaft sein, dachte ich damals – Erfüllung eines kühnen Bergsteigerwunsches, sage ich heute. Doch immer, auch im Sommer, wird die Agnérkante eine große Fahrt bleiben. Wer sich der Resignation hingibt und sagt, die Alpen seien überlaufen, der mache sich gleich auf ins stille San-Lucano-Tal, an die gewaltige Agnérkante. Niemand wird ihn dort stören: heute nicht; in späteren Jahren nicht, denn die Einsamkeit wünschen nicht viele.

Der später an der Paganella verunglückte Celso Gilberti aus Friaul und der Triestiner Oscar Soravito fanden 1932 an der Agnérkante diesen Anstieg.

Im Sommer 1969 begradigte ich die Vinatzerführe, indem ich vom großen Band in der Wandmitte direkt über die Plattenwand zum Gipfel aufstieg. Mit diesem Ausstieg hat die Marmolada eine Direttissima, die ihresgleichen in den ganzen Alpen sucht. Vereisung und Nässe sind ausgeschaltet, die Linie ideal, die Schwierigkeit konstant. Ein Gegenpol zum Gletscher an der Nordseite.

Die Nordflanke der Marmolada, rechts
die Punta Penia. Dahinter die
Palagruppe mit dem charakteristischen
Monte Agnèr.

Die Unbekannte in uns

Von Norden gesehen trägt der Große Vernel seinen Namen zurecht. Er ist groß, abweisend, mächtig. Von Süden ist er versteckt und den meisten Bergsteigern unbekannt, obgleich ein interessanter Kletterberg. Zusammen mit dem Kleinen Vernel bietet er all jene Spielmöglichkeiten für Kletterer, die einsame Gebiete suchen. Hier kann ich noch inkognito eine Tour unternehmen: Es ist fast nie jemand da, der dich erkennen und damit stören könnte. Das ist der Nachteil, wenn man einen großen Bekanntheitsgrad hat: Man hat nirgends seine Ruhe, nicht einmal beim Klettern.

Heinz Mariacher, der im letzten Jahrzehnt das Erschließungsgeschehen in der Marmoladagruppe wesentlich bestimmt und sich auch als Autor eines Kletterführers über die Berge zwischen dem Fedaiasee und dem San-Pellegrino-Paß profiliert hat, urteilt lakonisch und zutreffend zugleich über die alpinistische Zukunft des Vernelstocks, wenn er schreibt:

„Der Nachteil oder vielleicht Vorteil der Gruppe besteht im wesentlichen darin, daß sie ganz vom Prestige der Marmolada überschattet wird und die Zu- und Abstiege oft auch beschwerlich sind."

Während die Marmolada selbst, sei es von Norden, sei es auch von Süden, erschlossen ist, bleibt der Vernelstock noch relativ unberührt, wild. Und er sollte auch unerschlossen, ohne Wegvorgaben, ohne Markierungen bleiben, auf daß wir auch in den Dolomiten dann und wann in die „Wildnis" gehen können. Dort, wo wir den Weg selbst suchen müssen, uns Schritt für Schritt hineintasten in jene Unbekannte, die dabei das Unbekannte in uns selbst aufschlüsselt, bleibt der „Weltgeist" am Leben.

Im Kar sitzt einer.
Das Gras ist braun.
Die Sonne sinkt und
Die Wände leuchten.
Er sucht Risse, Löcher,
Verschneidungen –
Möglichkeiten.
Für den nächsten Sommer.

Im Schatten der Marmolada wird auch
der Gran Vernel zum kleinen Nachbarn.
Das hat ihm allerdings viel von seiner
alpinistischen Ursprünglichkeit
erhalten, die ihn zum Spielplatz für die
nächsten Generationen konserviert.

93

Das faszinierendste Gebirge der Erde

Gipfelmeer,
da liegst du
in weitem Kreis,
feiner Schleier
an deinem ewigen Rand.
Nirgends ein Anfang –
wo ist ein Ende?
Blitzende Eisriesen,
bleiche Riffe aus Kalk,
wuchtige Pfeiler
aus dunklem Granit.
Sonst nichts auf der Welt.

Die Berge der Palagruppe sind mehr als die der übrigen Dolomitengruppen ein Reich der Kletterer. Kaum einer der Normalanstiege ließe sich dem Bergwanderer guten Gewissens empfehlen, und auch die in den letzten Jahren angelegten Klettersteige erfordern zumindest Felserfahrung. Dem Bergfreund ohne großen Gipfel-Ehrgeiz bietet sich aber selbst von den Übergängen und Hüttenwegen aus ein faszinierender Eindruck von diesem Teil des Gebirges, der geprägt ist von bizarren Felsformationen – und nicht selten eng eingeschnittenen Tälern. Wohl ist es ihrer Unwegsamkeit zu danken, daß von der Pala noch als von einer wilden Naturlandschaft gesprochen werden kann, die sich der übermäßigen technischen Erschließung bis heute weitgehend entzogen hat.

Die Pala ist mir bis heute eine der liebsten Dolomitengruppen. Ich weiß nicht warum, ich weiß nur, daß es so ist. Ich war nicht allzuoft in der Palagruppe. Trotzdem kann ich mich fast an jede einzelne Stunde, die ich dort erlebt habe, erinnern. Vielleicht, weil die Nebel dort öfters spielen und den Felsen eher eine mythische Ausstrahlung geben als anderswo. Vielleicht, weil der Kalk dort fester ist als weiter nördlich an den Geislerspitzen, im Rosengarten oder in der Langkofelgruppe, wo ich häufiger unterwegs war. Vielleicht liegt es auch daran, daß es dort viele Winkel und Täler gibt, die selten besucht sind.

Ich kann mir vorstellen, daß ich nach meiner Expeditionszeit Sommer für Sommer in die Palagruppe zurückkehren werde. Die Dolomiten, das ist eine Tatsache, sind das faszinierendste Gebirge der Erde. Leider sind wir in der Erschließung sehr weit gegangen.

Trotzdem wären diese bleichen Berge – „Rosengarten", „Odle", „Zinnen" – den meisten Menschen nicht zugänglich, gäbe es die Dolomitenstraße nicht.

95

Die große Dolomitentour

„Die schönen Berge blieben durch lange Jahrhunderte nur ein Märchenland, da bloß rauhe Bergpfade und unwirtliche Täler zu ihnen emporführten, die die Städter niemals betraten. Und selbst die Bauern und Hirten der benachbarten kleinen Bergorte näherten sich den ausgedehnten Hochwäldern und Alpenmatten am Fuße der Felswände nicht ohne Schauder, da sie sie als den Lieblingsaufenthalt aller bösen Geister, zahlreicher Riesen und anderer Unholde betrachteten, wenn sie auch von der Laurinsage selbst keine Kenntnis hatten und den gewaltigen Rosengarten kurzweg den ‚Föderer Kofel' (den vorderen Kofel) nannten."

So beschreibt Theodor Christomannos am Anfang unseres Jahrhunderts die Dolomitenlandschaft vor dem Bau der berühmten Straße, die mit ihren Nebenlinien von Bozen nach Cortina d'Ampezzo und Toblach führt. Die „große Dolomitentour" ging von Bozen aus über den Karerpaß nach Campitell und Canazei durchs Fassatal, dann über den Pordoipaß nach Buchenstein, von dort über den Falzaregopaß nach Cortina und weiter bis nach Toblach.

Heute, wo jeder kleine Weiler, ja fast jeder Berghof mit dem Automobil erreichbar ist, mag die Dolomitenstraße als eine Selbstverständlichkeit erscheinen. Im vorigen Jahrhundert jedoch war das eine gewaltige straßenbautechnische Leistung.

Auch ich, der ich zehn Jahre lang mit meinem Motorroller Wochenende um Wochenende zu den einzelnen Dolomitengipfeln unterwegs war, habe diese Straßen oft gebraucht. Wie hätte ich sonst in so kurzer Zeit soviele Erlebnisse haben und in wenigen Jahren die meisten Dolomitengipfel erklettern können? Wie hätte ich in *einem* Menschenleben die Dolomiten stofflich aufzunehmen vermocht ohne diese Straße?

Heute allerdings müssen wir aufhören zu erschließen. Weitere Straßen in den Dolomiten zu bauen bedeutet, ihren Freizeitwert zu schmälern. Es kommt nicht auf die Quantität der Touristen an, es geht um die Qualität des individuellen Erlebnisses in den Bergen.

Laßt den Berg,
wie er ist;
alles übrige
ist Mist;
das hat schon Preuß gesagt
und er hat
recht gehabt.
(Tourenbuch 1967)

Cima della Vezzana
und Cimon della Pala von Westen.
Darunter die Rollepaß-Straße.

Im strahlenden Sonnenlicht der Sass
Maor in der Bildmitte. Ihm vorgelagert
die Cima della Madonna.

Sass Maor und Cima della Madonna –
über den Wolken.
In der Bildmitte die Schleierkante.

Wände, wie mit dem Messer geschnitten

Ich hätte,
alle Tiefen
unter uns vergessend,
von Turm
zu Turm
springen mögen,
mit den anderen
sprechen wollen.

Die „Schleierkante" an der Cima della Madonna ist ein Synonym für ein Stück Alpingeschichte und ein Muß für jeden Kletterer. Als ich das erstemal hinging, fiel mir sofort die Nordwand auf. Links der Kante scheint der Fels wie mit dem Messer gerade geschnitten zu sein.

Es gelang mir dann mit meinem Bruder Günther, bis in den oberen Wandteil vorzudringen, ohne auch nur einen einzigen Haken als Fortbewegungsmittel zu verwenden. Ich erlebte einen Kletterrausch.

Aufgrund der Griffigkeit der senkrechten Wand war ich so frech geworden, daß ich in der vorletzten Seillänge keinen einzigen Zwischenhaken, auch nicht zur Sicherung, schlug. Als ich das Seil ausgegangen war, konnte ich keinen Standplatz finden! Eine halbe Stunde lang hing ich an kleinsten Griffen, kam weder vor noch zurück. Eine Ewigkeit lang erlebte ich intensive Sturzgefahr! Bei einer ausgegangenen Seillänge von fünfzig Metern drohte ein Sturz – „Flug" – von hundert Metern! Ich sah mich schon stürzen, als ich mich mit einem schrägen Rückzug retten konnte. Ich kam soweit hinunter, daß ich mich an der Wand fixieren konnte. Nun erst stieg mein Bruder nach und gab mir Seil für die letzten Meter. Gewonnen! Und gelernt, wo die eigenen Grenzen sind!

Eine weitere große „klassische" Palaroute verläuft durch die Sass-Maor-Ostwand. 1926 wurde sie von Emil Solleder erstbegangen, und man erzählt, er habe die finsteren Ausstiegskamine mit der Laterne im Mund bewältigt. Der Südtiroler Bergsteiger Günther Gasser berichtet über eine Wiederholung: „Die klassische Sollederroute in den Dolomiten ist zwar jene durch die Nordwestwand der Civetta, doch steht ihr der Anstieg durch die Sass-Maor-Ostwand an Kühnheit kaum nach. Und man erkennt, daß die Erstbegeher einen genialen Durchstieg gefunden haben: Solleder hatte begriffen, daß es gerade hinauf kein Durchkommen geben würde, also querte er nach rechts in senkrechtem Fels hinaus, sehr luftig und ausgesetzt, beeindruckend – alles, um zwei Seillängen später in die direkte, senkrechte Route zu gelangen. Für einen Extrembergsteiger jedenfalls ist diese Wand ein Meilenstein in seiner alpinistischen Laufbahn. Für mich war sie vor allem ein großes Abenteuer, denn wir wurden von einem jener für die Pala typischen Nachmittagsgewitter überrascht. Es war so finster in den Ausstiegskaminen, daß wir trotz der frühen Stunde Taschenlampen gebraucht hätten. Vor Blitzschlag waren wir nun keinen Moment sicher, unsere Moral war sehr gedrückt. Doch wir kamen durch, und als dann am Gipfel die Wolkendecke aufriß, überfiel uns befreiende Euphorie."

Wenn ich an die Pala denke, entsteht in mir das Bild einer späten Gipfelstunde, in der nur die Spitzen der Berge – kleinen Inseln gleich – aus dem Dunkel ragten. Auf jedem Gipfel dachte ich mir einige Menschen, die für sich allein dort saßen, schauten oder gingen.

Links im Bild, den Gletscher überragend,
der flache Grat der Cima Fradusta,
in der Bildmitte die Cima Canali, rechts,
mit Nebelschwaden an den Flanken, Sass
Maor und Cima della Madonna.

01

Der schwarze Wasserstreifen

Die Palagruppe ist einer der ausgedehntesten Bergstöcke der Dolomiten. In sich ist sie deutlich gegliedert: das Altipiano delle Pale di San Martino steht im Zentrum; die höchsten Gipfel trägt die Nordkette, die vom Rollepaß nach Nordosten zieht – die Cima della Vezzana ist 3192 Meter hoch; vom Rollepaß nach Süden zieht die Westkette, zu der Sass Maor und Cima della Madonna gehören. Ein wenig abseits, man mag dies wörtlich nehmen, stehen die Gipfel der Südkette, deren bekannteste Croda Grande und Monte Agnèr, 2872 m, sind.

Die Wandflucht zwischen Nord- und Südostkante des Monte Agnèr in der Palagruppe ist die höchste im gesamten Dolomitenraum. Sie ist grau, fest und ideal zum Klettern. Schon 1921 durchstiegen A. Andreoletti, A. Zanutti und F. Jori die große Kaminreihe im höchsten Teil der Wand. Sie eröffneten damit eine Route, die nach wie vor zu den eindrucksvollsten der Dolomiten zählt.
Die Nordostwand, links der Nordwand, blieb lange Zeit unberührt, obwohl sie schon in den dreißiger Jahren hätte geklettert werden können. Der Fels ist dort geschlossener, fester und im oberen Teil steiler, die Führe eine großzügige, moderne Felsfahrt.

Wie oft war ich im Valle di San Lucano in der östlichen Palagruppe! Immer wieder wollte ich denselben Berg besteigen: den 2872 Meter hohen Monte Agnèr.
Zuerst erkletterte ich mit Sepp Mayerl und

Heindl Messner die Nordkante. Mitten im Winter. Es war die erste Winterbegehung dieser längsten Kante der gesamten Dolomiten. Drei Tage waren wir bei 20 Grad Minus und ziemlich viel Schnee unterwegs.
Beim zweiten Anlauf gelang uns die klassische Joriroute in der Nordwand. Wieder mitten im Winter. Später noch einmal stieg ich mit meinem Bruder Günther und Heini Holzer durch die Nordostwand. Sie ist durch einen schwarzen Wasserstreifen gekennzeichnet, eine fünfzehnhundert Meter hohe Plattenmauer, die andere vor uns schon versucht hatten. Sie war ein Geheimnis geblieben, obwohl durchwegs frei kletterbar.
In Wandmitte kamen wir in ein fürchterliches Gewitter, das uns mitten in der Nacht ein Stück unter einen Überhang zurücktrieb. Trotzdem gelang es uns, die Wand zu durchsteigen. Nasser Fels unter den groben Schuhen, düstere Gewitterwolken über den Köpfen. Diese Tour gehört in meiner Empfindung, nicht nur in der Erinnerung, zu meinen gewaltigsten Bergabenteuern überhaupt.

Skizze von R. Messner:
Monte Agnèr (1967)

Der versteckte Gipfel der Pala –
der Monte Agnèr.

1. Begehung der Nordostwand:
Reinhold und Günther Messner
sowie Heini Holzer
am 17. und 18. August 1967.
Höhenunterschied: ca. 1400 m
Schwierigkeiten: V–VI
bei ca. 25 Zwischenhaken.

Neugierde bei jedem Flugmeter

Reinhold Messner (hinten) am Einstieg zur Ferrata Tissi (Klettersteig) auf den Civetta-Hauptgipfel (1963)

Vor allem wenn unten die Nebel ziehen, sind die Dolomiten aus der Luft gesehen atemberaubend.

Es vergehen keine fünf Minuten, und schon wieder steht ein Felskamm in meinem Blickfeld. Ich glaube ihn zu kennen, nein, ich kenne ihn, ich kenne ihn im Detail. Erinnerungen werden wach, Erstbegehungen, die ich vor zwanzig oder mehr Jahren gemacht habe, sie kehren zurück in mein Bewußtsein. So zum Beispiel eine neue Route durch die Plattenmauer rechts der Cima della Busazza. Meine Neugierde erweckt sich an Rissen, an Felsnasen, an Wasserstreifen. Sind Kletterer in der Wand? Mit jedem Flugmeter wächst in meiner Erinnerung ein Griff nach dem anderen zu einem Ganzen aus...

Bei jeder Schleife, die wir fliegen, spähe ich durch die Scheiben, um die Nordwestwand zu sehen, jene gewaltige Mauer, die ich als formschönste Wand der Dolomiten betrachte: die Civetta! Im italienischen Sprachraum heißt sie die „Wand der Wände", unmißverständlich. Tatsächlich hat ihr Nimbus Berechtigung: Die Wandhöhen liegen um die tausend Meter und damit über denen an der Marmolada; einige der Routen gelten als Meilensteine in der Geschichte des Alpinismus in den Dolomiten, so etwa der Anstieg von Solleder und Lettenbauer von 1925 und, mehr noch, die „Philipp/Flamm" auf die Punta Tissi, 1957 erstmals geklettert. Der Ruf der Wand, ihre Gefahren, die vielen schweren Unfälle, hatten die Kletterer immer wieder herausgefordert. Heute durchziehen mindestens ein halbes Dutzend von selbständigen Routen und eine Vielzahl von Varianten die Wandflucht. Allein zwischen Punta Tissi und Civetta-Hauptgipfel zähle ich ein halbes Dutzend exzellenter Kletterwege.

Civetta klassisch. Wie ein
aufgeschlagenes Buch der
Klettergeschichte im Bild die
Nordwestwand. Links der Torre di
Valgrande, in der Mitte Civetta-
Hauptgipfel und Kleine Civetta.
Die Philipp-Flamm-Route
und der „Weg der Freunde" verlaufen
links des Firnfeldes durch die bis zu
tausend Meter hohe Wand des
Hauptgipfels.

Civetta im Winter.
Unten im Tal,
am teilweise zugefrorenen See,
ist Alleghe zu sehen.
Reinhold Messner
durchstieg fast alle
klassischen Civetta-Routen.
Im Winter allerdings scheiterte er
bei einem Versuch
der Philipp-Flamm-Führe
(1969).

Glückliches Zelten

Zwei Wochen lang habe ich 1966 mit Heini Holzer am Coldaisee nördlich unter dem Civetta-Hauptkamm gezeltet. Damals habe ich diesen scheuen, nach Anerkennung dürstenden Menschen kennengelernt. Wir hatten ein winziges „armes" Zelt, und dann und wann haben wir uns in der benachbarten Coldai-hütte eine „pasta asciutta" geleistet.

In diesen zwei Wochen, den erfolgreichsten Kletterwochen meines Lebens, sind uns zwölf große Touren gelungen, darunter einige Erstbegehungen und mehrere Zweit-begehungen, wie etwa die geheimnisumwitterte Nordwand des Torre d'Alleghe. Alle großen Civettarouten sind uns geglückt, nur bei der ersten Klettertour, bei der Asteroute auf die Punta Civetta, haben wir biwakieren müssen. Wir waren noch nicht eingespielt, und ich war zu unsicher, um mich mit Heini Holzer regelmäßig in der Führung abzu-wechseln. Heini stieg alles vor und wir waren so langsam. Das entsprach nicht meinem Rhythmus.

Von der zweiten Tour an jedoch entwickelte sich eine Selbstverständlichkeit, wie ich sie später im Fels nur noch mit wenigen Kletter-partnern erlebt habe. Wir führten abwech-selnd und stiegen schnell. Ich glaube nicht zu übertreiben, wenn ich behaupte, wir haben die anderen elf Touren in der damaligen Re-kordzeit absolvieren können.

Nachdem mir in den End-Sechzigern eine Erstbegehung durch den zentralen Teil der Civetta-Nordwestwand gelungen war, der „Weg der Freunde" – heute eine der beliebte-sten Routen an der Civettamauer –, wollte ich diese Wand auch im Winter durchklet-tern.

1969 hatte ich die Philipp-Flamm-Route, die damals großzügigste Felskletterei der Alpen, solo durchstiegen. Also wollte ich sie auch noch im Winter „machen". Es blieb beim Wollen, denn Konrad Renzler, Erich Lackner und ich gaben auf, bevor wir ernst-lich eingestiegen waren. Allzuviel Schnee lag in dieser tausend Meter hohen Felswand. Wir waren bei den gegebenen Verhältnissen chancenlos, und auf den Expeditionsstil habe ich mich an den Dolomitenwänden nie eingelassen.

Die Punta Tissi, bis vor wenigen Jahren Quota IGM genannt, ist die erste größere Erhebung am Grat östlich des Civetta-Hauptgipfels. Das riesige Verschneidungs-system, das leicht schräg von rechts unten nach links oben in die kleinere Scharte zwi-schen Punta Tissi und den Grat auf den Civetta-Gipfel emporzieht, bietet eine Rou-te von großer Eleganz und mit schöner Frei-kletterei.

Diese Führe galt fast ein Jahrzehnt lang als die schwierigste Kalkkletterei der Alpen und wurde anfangs nur selten wiederholt. Seit dem Ende der sechziger Jahre allerdings ist die Route überlaufen und übernagelt.
1. Begehung: Walter Philipp und Dieter Flamm am 5., 6. u. 7. Sept. 1957. Höhenunter-schied: 900 m vom Wandfuß bis zum Gipfel. Schwierigkeiten: V–VI, A_2, davon 30 m VI–, 400 m V, A_1 und A_2 20 m, Rest IV.

Heini Holzer fotografiert von Reinhold Messner am Castello della Busazza (1966).

Der kleine Coldaisee liegt nahe der gleichnamigen Hütte, dem Civetta-Hauptkamm nördlich vorgelagert. Unten im Bild führt der Dolomitenweg Nr. 1 vorbei.

09

Günther Messner
in der Pelmo-Nordwand.
(Versuch einer Winterbegehung, 1970)

Unwetter und Sonnenschein

Wir haben keine Zeit,
wenn wir sie brauchen.
Wenn wir einmal zuviel
Zeit haben,
wissen wir nicht
was mit ihr anfangen.
Wir haben zwar eine Uhr,
aber diese geht ganz
verschieden schnell.
Wenn wir es eilig haben,
hetzt sie;
wenn wir Langeweile
„geigen", kriecht sie.
(Tourenbuch 1966)

Den Monte Pelmo habe ich sowohl düster als auch sonnig in Erinnerung. Ein halbes Dutzend Mal bin ich auf seinem Gipfel gestanden. Das eindrucksvollste Erlebnis ist das erste geblieben. Ich war gut zwanzig Jahre alt, mein Bruder war achtzehn. Mit dem Roller waren wir bis zum Pelmo gefahren, vorbei an Colle Santa Lucia, dem Ort, wo unser Großvater mütterlicherseits geboren worden ist. Auch wegen dieser Verwandtschaft fühlten wir uns mit dem Monte Pelmo besonders verbunden.

Wir durchstiegen die klassische Nordwand, wurden aber im oberen Teil von jenem fürchterlichen Unwettereinbruch überrascht, der 1965 halb Südtirol verwüstet hat. Zum Glück sind wir noch am gleichen Abend zum Gipfel gekommen, mußten aber mehrere Unwetter über uns ergehen lassen in der Wand, beim Abstieg, auf dem Heimweg. Drei Tage haben wir gebraucht, um wieder nach Hause zu kommen. Brücken und Straßen waren weggespült, die Verkehrswege im ganzen Land unterbrochen.

Hätten wir uns damals nicht bis zum Gipfel „durchgebissen", wir hätten das Biwak – naß, eisstarr und ausgehöhlt wie wir waren – nicht überlebt.

Um den Pelmo herumlaufen möchte ich heute, herumlaufen um diesen vulkanähnlichen Dolomitenberg, der kein Vulkan ist. Obwohl häufig eine drohende Wolkenfahne den Gipfel umhüllt, weil sich dort das schlechte Wetter besonders früh zusammenballt, ist der Pelmo ein heller Berg.

Hatte ich 1965 dieses harte Abenteuer in der Nordwand, so folgte ein Jahr später ein sonniges Erlebnis. Mit Heini Holzer durchkletterte ich die Route der Cortineser, die damals kaum wiederholt werden konnte, die geheimnisumwittert war.

Später gelang es mir noch einmal, in der Nordwand eine Erstbegehung durchzuführen, rechts der klassischen Nordwandroute, bei recht guten Wetterbedingungen, in aller Ruhe, ohne „Sturm-und-Drang"-Aufregung.

Leider sind heute viele Routen übernagelt und damit entschärft. Ist das eine Folge der jungen Freikletterbewegung?

„Die Kletterkunst ist in den Klettergärten am weitesten entwickelt. Im Elbsandsteingebirge ist man beim 7. Grad.

Schade nur, daß gerade die Klettergartenkletterer in den größten Wänden viel zu viel Klettergarten sehen.

Durch viele Haken zergliedern sie die größten Alpenwände in Klettergärten."
(Tourenbuch, 1967)

Der Monte Pelmo von Süden.
In der Bildmitte der Hauptgipfel, links
vorgelagert der Pelmetto. Den Horizont
bestimmen die Berge um Cortina: links
die Corda da Lago, rechts die Sorapis.

13

Instinkte entwickeln

Die Dolomiten um Cortina d'Ampezzo sind nicht nur schön, sie sind auch berühmt. Cortina ist ein Fremdenverkehrsort mit Tradition. Er ist nicht nur deshalb entstanden und groß geworden, weil dort die Olympischen Spiele stattgefunden haben, sondern vor allem deshalb, weil er von einer Unzahl verschiedener Dolomitenstöcke umgeben ist. Öfters habe ich, nach den Schulmonaten in Bozen, an den Cinque Torri am Falzaregopaß eine Trainingswoche eingelegt, um mich für den Sommer vorzubereiten. Mir war der Sommer damals wichtiger als der Winter, obwohl es galt, einen Schulabschluß zu erreichen, einen Beruf zu erlernen, eine „Karriere" anzustreben. Ich war lange Jahre hindurch ein sehr guter Schüler.

Ich wollte auch gut klettern können. Aus Ehrgeiz, aus Bewegungstrieb, aus Abenteuerlust. Und vor allem wollte ich immer höher hinaus, immer größere Bergtouren erleben. Deshalb mußte ich mich, wollte ich überleben, immer besser vorbereiten, mehr trainieren, neue Instinkte entwickeln.

Während meiner Studienjahre in Padova lebte ich mit meinem Geist und meiner Phantasie in den Dolomiten, mit meinem Kopf und meinem Intellekt auf der Schulbank. Ich brach oft aus und fuhr an Wochenenden in die Dolomiten oberhalb von Feltre.
Dieser Teil der Dolomiten findet wohl von allen Untergruppen dieses Gebirges am wenigsten Beachtung. Dennoch finden sich hier neben einsamen Wanderzielen auch ein paar imposante Felsgestalten wie etwa der Sass de Mura, 2547 m, der noch gegen Ende des letzten Jahrhunderts als unersteiglich galt.
Von Padova aus sind diese Vorberge schnell erreichbar. Ich fuhr nicht ausschließlich zum Klettern, ich mußte unterwegs sein. Ich mußte mich frei gehen, frei wandern können, mußte dann und wann auf einen Berg steigen können, um in der Stadt auf Dauer nicht verrückt zu werden.

Winde und Wolken
spielen Zweikampf
in der Sonne.

Sieger
und Besiegte?

Ein Blitz
fährt dazwischen.

Ampezzaner Dolomiten: von links
Cinque Torri, Averau, Nuvolau, Croda
da Lago. Im Hintergrund,
wolkenverhangen, die Gipfel von
Sorapis und Antelao (rechts).

Untypische, unverwechselbare Landschaft im Süden der Dolomiten: der begrünte Zug der Feltrinelle. Am linken Bildrand der Monte Cristallo, rechts daneben der Antelao.

Diese Höhen
durchwandern
bis Zeit
und Raum
sich vermengen

Da oben
ahnst du
bist du gewesen

Vorher
als die Tiefe
noch atemlos war

Junge Routen

*Dem Abgrund
der Ängstlichkeit
stelle ich
mein Kletterkönnen
gegenüber.*

*Sicherheit
statt Sicherung.*

*Schwindelgefühl
was ist das?*

Die Bosconerogruppe in den südlichen Dolomiten war vor zwanzig Jahren in Bergsteigerkreisen fast unbekannt, sie ist lange Zeit über buchstäblich nicht aufgefallen. Ihr Name (italienisch: „Schwarzer Wald") hat dazu sicher beigetragen, denn er läßt viel eher ein sanftes Mittelbegirge vermuten als eine wilde Felsenwelt. Es waren dann italienische Kletterer, die sie entdeckt haben, buchstäblich entdeckt, genauso wie ein Jahrhundert zuvor die Engländer und Wiener die Dolomiten um den Sellastock für die Bergsteiger entdeckt haben. Fast weitere hundert Jahre vorher hatte Dolomieu die Dolomiten ins Bewußtsein der Geologen gerückt.

Die bergsteigerische Erschließung tastete sich hier nur langsam vor und ging dabei behutsamer als anderswo in den Dolomiten ans Werk: ein paar Biwaks wurden eingerichtet, der Dolomiten-Höhenweg Nr. 3 und einige andere Wanderwege markiert. Mit technischen Eingriffen hielt man sich allerdings zurück, und so kann der deutschsprachige Kletterführer für dieses Gebirge darauf hinweisen: „... auch heute noch muß man jeden Meter in diese Gebirgsgruppe zu Fuß gehen"! Eine Verheißung im Zeitalter des alpinen Massentourismus ...

Die Routen an den Felsen der Bosconerogruppe waren 1967 jung, vielfach noch nicht wiederholt. Als wir, mein Bruder und ich, mit unseren Freunden dorthin kamen, tat sich ein neues Stück Dolomiten-Welt auf. Wir fanden in der Nordwand und in der Nordwestkante der Rocchetta Alta Routen vor, die ihresgleichen in den Dolomiten suchten. Heute noch zählen sie zu jenen Stellen in diesem Gebirge, die geheimnisumwittert sind, die mich neugierig machen, zu denen ich zurückkehren werde.

Die Nordwand der Rocchetta Alta di Bosconero im Südosten der Dolomiten wurde erst in den sechziger Jahren entdeckt. Sie ist kühn und formvollendet gebaut, weist fast durchwegs sehr guten Fels auf und kann auf Grund ihrer südlichen Lage, sowie der geringen Meereshöhe früh und spät im Jahr geklettert werden. Obwohl in den letzten Jahren noch Routen in der Nordwestkante (Strobelkante) und Nordwand dazukamen, ist die erste Führe durch diese die ideale geblieben.

Die konkave und oben überhängende Wand wird im Mittelteil von einem senkrechten fast durchgehenden grau-schwarzen Streifen durchzogen, der den Anstieg vermittelt. Die Route beginnt rechts der großen, nach links ansteigenden Rampe und führt zuerst in entgegengestzte Richtung über eine schmale Rampe in den Zentralteil der Wand. Dann bist du gefangen: im Klettergenuß, in der Senkrechten.

Die Bosconerogruppe von Nordwesten.
Links der Sasso di Bosconero,
rechts anschließend die Rocchetta Alta
di Bosconero.

1. Begehung der Nordwand:
Milo Navasa, Claudio Dal Bosco
und Franco Baschera
vom 22. bis zum 27. Juni 1965.

19

„Ein erster Dolomiten-Tourismus, schamhaft und schüchtern, ist erst in den letzten Jahrzehnten des vorigen Jahrhunderts in Gang gekommen. Heute müssen wir befürchten, daß diesem einzigartigen Naturschauspiel der Garaus gemacht wird. Wer kennt nicht die endlosen Autoschlangen, die an den schönsten Winterwochenenden verschiedene Dolomitentäler „beleben" und die Talsohle in eine Smogwolke hüllen. Aber das ist nur eine augenscheinliche Art, die Dolomiten zu genießen.

Eine weitere wird durch Zement bewerkstelligt: bis zu fünf Touristenbetten pro Einwohner gibt es in vielen Ortschaften (internationale Experten sprechen von einem zulässigen Maximum von 2 Touristenbetten pro Einwohner). In manchen Orten gibt es zudem fast ein Appartement pro Einwohner. Des weiteren nimmt Jahr für Jahr die asphaltierte Fläche zu, und trotzdem ist das Straßennetz dem Ansturm der Hochsaison keineswegs gewachsen. Ebensowenig wie Abwasser-, Abfall- und Schadstoffentsorgung dieser periodischen Invasion Rechnung trägt. Manches romantische Gebirgsbächlein ist bereits hochverseucht. Dem Grundwasser scheint dasselbe Los beschieden. Im Dolomitengebiet gibt es heute bereits über 450 Skilifte. Die Skipisten erstrecken sich über 1050 km. Aber das scheint nicht zu genügen. Es wird erweitert, vergrößert, erschlossen, Hunderte von neuen Liften sind geplant."
(Aus: Omnibus)

Wir alle müssen etwas dagegen tun. Ich habe nichts gegen die Touristen, nur dürfen wir ihnen unsere Urlandschaft nicht opfern.

Die Gruppe des Sasso di Bosconero von Südosten. Der Kamm zieht nach links zur Rocchetta Alta, deren Gipfel nicht mehr im Bild ist.

Neugierig bleiben, wach und offen

Ich saß nur da,
an einen Felsklotz gelehnt,
die Beine im Wasser
und hörte
dem Bach zu.
Oben
in den Wänden
der Schiara
war es ganz still.

Wenn die Dolomiten vollkommen aufgeschlüsselt wären in Routen, Skizzen, Karten, Beschreibungen, Markierungen, sie hätten nicht den Reiz, den sie für mich noch haben. Wenn ich mich heute für die letzten wilden Landschaften auf dieser Erde einsetze, dann deshalb, weil ich der Meinung bin, daß die nächsten Generationen, mehr noch als wir, nicht-aufgeschlüsseltes Gelände brauchen, Freiräume, um Neugierde zu empfinden. Einige Stücke dieser Erde sollten wild bleiben. Neugierde muß geweckt sein, um dieser Neugierde folgen zu können. Nur wenn wir neugierig bleiben, sind wir auch wach und offen.

Die Schiaragruppe ist in meiner Erinnerung voller Wildheit, und im besonderen ist sie mit der Burèl-Südwestwand verknüpft. Alle anderen Erlebnisse bei Klettertouren und auf Klettersteigen verblassen gegen diese eine, versteckte Wand. Beim ersten Anlauf haben wir es gar nicht erst versucht: Die Wand triefte vor Nässe, und überall auf den Bändern zerrann der Frühlingsschnee. Beim zweiten Mal im späten Herbst waren wir zu zweit, Konrad Renzler und ich. Wir mußten zuerst einmal tausend Meter durch eine Schlucht absteigen, um an den Fuß der Wand zu gelangen. Dann stiegen wir durch eine konkave Wandschlucht aufwärts, zwischen Latschen zuerst, dann zwischen Gras und Felsen. Dauernd waren wir Steinschlag ausgesetzt und der prallen Sonne. Wir waren durstig, doch es gab kein Wasser.

Wir „biwakierten" auf der nahegelegenen Schutzhütte. Am zweiten Tag aber, die Wand war mit Dächern gespickt, wurde die Kletterei Meter für Meter schwieriger. Wir waren so ausgedörrt, daß wir beide kaum sprechen konnten.

Unter dem Schlußdach, das fünfzig Meter ausladend ist und rechts überklettert werden muß, zweifelten wir beide, ob wir je noch lebendig aus diesem Abgrund herauskommen würden. Burèl, das heißt auch „Abgrund", und ich habe diesen Abgrund, die Neugierde für diesen wilden Winkel bis zur Neige erlitten, um ihn zu erfahren.

Wie Riffe ragen die Berge der
Schiaragruppe aus dem Wolkenmeer.
Die Blickrichtung ist Norden;
dominierend in der Mitte des Bildes
Schiara und Monte Pelf. Der zweite
Pfeiler von links gipfelt im Burèl.

Alleinsein

Die Bergketten östlich der Dolomiten, die Karnischen Alpen, die Gruppe des Col Nudo, auch die Lienzer Dolomiten, gehören zwar nicht zu den Dolomiten, aber die Eindrücke in diesen Gebieten sind ähnlich. Gerade in diesen Bergstöcken sind wenig erschlossene Landstriche zu finden. Es gibt Spielmöglichkeiten für all jene, die das Alleinsein, das selbständige Unterwegssein und das ursprüngliche Bergsteigen suchen.

Diese Möglichkeit, im Gebirge allein sein zu können, ist es auch, die den mächtigen Stock des Antelao, 3264 m, besonders auszeichnet. Er ist einer der höchsten Gipfel der gesamten Dolomiten, in seine Nordseite ist ein Gletscher eingelagert. Ich kann mich gut erinnern, daß uns der Vater von den Geislerspitzen aus diesen markanten Gipfel gezeigt hat. Als Pyramide ist er von allen Seiten her zu erkennen. Vielleicht ist er mir deshalb von Kindheit an eingeprägt geblieben.
Über den Antelao-Anstieg schreibt Konrad Renzler:
„Hat man die Biwakschachtel in der Wand erreicht, zeigt sich der Berg erst in seiner plastischen und formellen Vielfalt mit seinen vielen Schluchten, Pfeilern und Graten. Dabei ist es verwunderlich, daß man zwischen dem III. und IV. Grad praktisch seilfrei und relativ leicht gehen kann. Die Größe der Wand zwingt einen, ein eigenes Orientierungsgefühl zu entwickeln. Der Einstieg ist eigentlich atypisch, denn man steigt in die Südwand ein, um über die Nordseite abzu-

steigen. Der Antelao ist unter den Bergen des Cadore ein dominierender Punkt und gewiß eines der lohnendsten Ziele. Interessant ist auch die Umrundung des Antelao, die man in zwei Tagen machen kann. Man steigt bei der Slataper-Biwakschachtel ein, kommt zur Antelaohütte hinauf, geht weiter zur Forcella del Ghiaccio und zurück zum Rifugio Galassi."

Berge,
die ich nicht kenne
haben ein Geheimnis,
das mich neugierig macht
und aktiv.

Die Erfahrung zählt
weniger
als die Möglichkeit
und die Freiheit,
aufzubrechen,
wohin ich will.

Die Stadt Belluno unter einer leichten
Dunstschicht. Im Hintergrund ragt
jenseits des Piave die Col-Nudo-Gruppe
aus den Wolken.

25

Dolomiten-Kamin-Kletterei
(Reinhold Messner 1964)

Zwei Gesichter des Antelao.
Links die Ansicht von Norden mit dem
Ghiacciaio Inferiore (rechts) und dem
Ghiacciaio Superiore (links). Rechts der
Gipfel von Süden.

27

Freiräume

In der Sonne der Hochfläche, im Schatten der Zinnen, auf zahlreichen Wanderwegen verbrachten wir unsere Sommerferien. Die Schule war aus, das Leben vergessen. Die Höhensonne bräunte unsere Schultern, Licht floß in unsere Augen und die Ohren vernahmen den leisesten Vogelgesang. Wir unternahmen ausgedehnte Bergtouren, versenkten uns einmal in eine Felsgestalt, dann in einen kleinen See zwischen den Steinen, später in die Wolken, die der Wind wie Vorhänge hinter dem Horizont emporgezogen hatte.

Schon liebten wir es, wortlos hintereinander herzuwandern, Schritt für Schritt, ohne an den Bewegungsablauf denken zu müssen, die Umgebung in uns einzuatmen, sie von innen heraus zu sehen. Wir übten uns in der Kunst der Betrachtung, ohne dies zu wollen, ohne es zu wünschen... ohne zu wissen, ob es Zeit gäbe.

Ich weiß nicht, ob wir nicht weiser geblieben wären, hätte die Schule nie mehr angefangen, wären diese Ferien nie zu Ende gegangen.

In den Ampezzaner Dolomiten hat sich bis heute ein ungemein interessantes, wildes Bergland in weitgehender Ursprünglichkeit erhalten: die Gruppe der Marmarole. Von der Gruppe der Sorapis durch die Forcella Grande, vom Antelaostock durch die Forcella Piccola getrennt, hat sich diese sechzehn Kilometer lange Bergkette lange im Schatten ihrer prominenteren Nachbarn verborgen. Wenn der Alpinist in den Mar-

marole seltener als sonst in den Bergen um Cortina Gleichgesinnte antrifft, so hat dies wohl mehrere Gründe: Zum einen fehlt immer noch ein deutschsprachiger Kletterführer, andererseits gibt es hier nur wenige markierte Wege und, mit Ausnahme weniger Biwakschachteln, auch keine Unterkünfte. Wenngleich das Bergsteigen in unserer Zeit zu einer Massenbewegung geworden ist, die die Grenzen des für die Landschaft Erträglichen nicht selten überschreitet, verläuft es doch auf immer wieder überraschend „geordneten" Bahnen, ist Moden unterworfen und Leitbildern – auch was die Wahl der Tourenziele betrifft. Nur so ist es zu erklären, daß in den Dolomiten etwa die Gipfel jenseits der Dreitausendmetergrenze eine besonders starke Anziehungskraft auszuüben scheinen. Die Berge der Marmarole erreichen diese Höhe an keiner Stelle. Allerdings wird die Kette auf einer Länge von etwa zehn Kilometern durch keine Scharte gegliedert, die niedriger als 2600 Meter ist. Hauptgipfel sind Cima Belprà, 2917 m, Cima Scotter, 2800 m, und Cimon del Froppa, 2932 m. Sie alle sind für den einigermaßen geübten Bergsteiger erreichbar. Die Erschließung der Marmarole als Klettergebiet ist noch längst nicht abgeschlossen und kommt nur langsam voran. Allerdings bergen einsame Bergregionen wie diese gerade für den Alpinisten, der sich in schwieriges Terrain wagt, ungleich größere Risiken als die bevölkerten Dolomitengruppen, in denen im Notfall eher Hilfe zu erwarten ist.

Der Wanderer zieht einen Teil seiner Ruhe aus seinen Bewegungen.

Die Marmarole von Süden. Weitgehend Kletterneuland für kommende Generationen, geschützt durch prominente Nachbarn wie Sextener Dolomiten, Sorapis, Antelao – und lange Zustiege.

Alle kamen herauf

Die gelbe Nordwand
wirft
Schatten ins Kar,
düster
sie sagt
wie es war
damals
im brüchigen Riß,
im Sturm,
am Gipfelgrat,
wo ich glücklich war,
in der Tat.
(Tourenbuch 1966)

Die Sorapis, 3205 m, ist ein Berg, der vor allem durch seine unverwechselbare Form besticht. Ihre Nordflanke wirkt wild und unnahbar, und schon Paul Grohmann, der in den sechziger Jahren des letzten Jahrhunderts einen Weg auf ihren Gipfel fand, spricht von ihr als einem „furchtbaren Felsengerüst". Auch heute noch kann dieser Berg zurecht als einer der bedeutendsten in den Dolomiten angesehen werden, wenngleich seine Ersteigung zumindest über den Normalweg keine alpinistischen Heldentaten mehr erfordert. Luis Vonmetz berichtet:

„Sorapis: Eigentlich hatte der Name dieses Berges immer neugierig gemacht. Er klingt so geheimnisvoll, wie einem Märchen entlehnt. Und nun sitzen wir hier, vor der gastlichen San-Marco-Hütte, und zählen die Lichter im Cadoretal. Hoch über uns der Antelao, majestätisch und groß, während fahles Mondlicht durch die Wolken bricht. Leise trägt der Wind unsere Lieder in die Nacht…

Zeitig steigen wir morgens aus den Federn. Wir sind eine größere Gruppe Bozner Bergsteiger. Der Alpenverein hatte eine Tour auf die Sorapis ausgeschrieben, und wir Kletterer sollten sie führen.
Bald haben wir die Forcella Grande erreicht. Vorbei am mächtigen Torre dei Sabbioni erreichen wir nach etwa zwei Stunden das Biwak. Weiter geht es über ein endlos steiles Kar. Dieses und die stechende Sonne treiben uns den letzten Schweiß aus den Poren. Am Einstieg erreicht uns aufsteigender Nebel und nimmt uns jede Sicht. Er wird uns den ganzen Tag begleiten.
Die Schwächeren werden angeseilt. Über Bänder und Schrofen geht es aufwärts, bis uns ein kurzer, glatter Kamin etwas stoppt. Aber auch das ist kein Hindernis. Weiter, über endlose Bänder und Schneerinnen, an Steinmännern vorbei, ziehen wir aufwärts, zum Grat. Wir sehen nun in die Nordseite des Berges, in abgrundtiefe Schluchten und Eisbrüche. Wo der Gipfel ist, wissen wir nicht, wir können es nur ahnen. Im Nebel überschreiten wir einige Vorgipfel, unangenehmes, brüchiges Gelände, bis wir unerwartet am höchsten Punkt sind.
Händeschütteln und Freude! Die Sorapis ist ein großer Dolomitenberg. Alle sind heraufgekommen, und alle sind ein bißchen stolz darauf.
Bald schon müssen wir abwärts. Suchen in umgekehrter Richtung, sichern, achten, daß wir keine Steine lostreten, Spannung bis zum Einstieg.
Und nun umkost uns wieder die Sonne, wir laufen das Kar hinunter, die Stimmung ist übermütig, das Tal hat uns wieder."

Es ergeht auch mir auf Bergtouren immer wieder wie dem Geschäftsmann, der plötzlich verstehen lernt, daß die Welt, in der er lebt – zwischen Wirtschaft und Politik, zwischen Einkauf und Verkauf, zwischen Gewinn und Verlust – auch die Welt ist zwischen Sonnenaufgang und Sonnenuntergang, zwischen Quelle und Unterkunft, zwischen Himmel und Erde. Es ist bei uns in Europa unendlich schwierig geworden, eigene Gedanken und Lebensformen zu haben; aber es ist schon etwas, wenn wir uns in anderen Zusammenhängen sehen lernen.

Teilansicht des Monte Cristallo von Norden. Dominierend der Piz Popena. Rechts davon, über dem Cristallogletscher, der Passo del Cristallo, der zum Tre-Croci-Paß überleitet.

Steige – Wege ins Weglose

Als Kind stand ich unter den Dolomiten und fand sie unendlich groß. Dann war ich plötzlich oben gewesen. Heute stehe ich unter den Dolomiten und frage mich, ob ich wirklich oben gewesen bin. Auch wenn ich gerade vom Gipfel komme. So ging es mir am Monte Cristallo, so erging es mir kürzlich an der Hohen Gaisl.

Je älter ich werde, desto mehr empfinde ich es als Tatsache, daß die Dolomiten unendlich groß sind im Vergleich zu uns Menschen. Und doch können sie von uns bestiegen werden! Darin liegt ein Schlüssel zum Mythos der „Bleichen Berge". Es ist also der Widerspruch, der uns diese Klarheit verschafft.

Von Toblach führen zwei Wege nach Cortina d'Ampezzo. Auf dem östlichen kommt man am Misurinasee vorbei, einem landschaftlichen Glanzpunkt der Dolomiten, ohne Zweifel. Im Süden dominiert die Sorapis das Bild, von ihr war schon die Rede. Östlich und westlich ragen die Massive des Cristallo und der Cadini auf, beides typische Dolomitenstöcke – und doch zwei Welten.

Der Cristallo nämlich, eines der Wahrzeichen der Olympiastadt Cortina, ist ein erschlossener Gipfel. Im Endzustand. Auf dem Gipfel der Cima di Mezzo, des Monte Cristallo, 3154 m, begegnet man den verschiedensten Zeugnissen menschlicher Existenz: einer Seilbahnstation, einer Unterkunftshütte, einem mächtigen Gipfelkreuz, verfallenden Unterständen aus dem Ersten Weltkrieg, einem Klettersteig (mit Hängebrücke!), kurz: einer alpinen Infrastruktur für allerlei unterschiedliche Ansprüche. Das Besucheraufkommen entspricht diesem Aufwand.

Ein paar Kilometer östlich nur und gegenüber ragen die Cadinspitzen auf. Aus der Sicht der deutschen Alpingeographie ein Teil der Sextener Dolomiten – ihr einsamstes Stück. Den Grund dafür nennt zutreffend der deutsche Kletterführer, der von „der beharrlich überlieferten pauschalen Verunglimpfung der Gruppe als ‚brüchig'" berichtet. Wie die Kletterer jedoch wissen, besteht ein grundlegender Unterschied zwischen „Bruch" und noch nicht abgeklettertem Fels, ein Unterschied, den die Liebhaber dieses ruhigen Dolomitenwinkels durchaus ebenso schätzen wie die „lange Reihe genußvoller Kletterführen in exzellentem Fels".

*Jeder Gipfel
ist mir
Glied einer Kette,
jeder zeigt
einen neuen mir
und was der eine
mir zuruft,
hat ein anderer
lange vor ihm
gesagt.*

Der Monte Cristallo über der Val Fonda, aufgenommen von Norden. Links des Cristallogletschers – und des Cristallopasses – der Piz Popena. Daran schließen sich nach rechts Cristallo-Hauptgipfel, Mittelgipfel und Nordwestspitze an. Links am Horizont die Sorapis.

Wo aus grünen Wiesen Felsen wachsen:
die Cadinigruppe. Die Cadini waren
gefragte Kletterziele in der Zeit nach der
Jahrhundertwende. Sepp Innerkofler,
Siorpaes, sogar Dülfer fanden hier neue
Wege. Im linken Bildteil die Forcella
della Neve, daran nach rechts
anschließend Campanile Verzi, Cima
Eötvös, Gemelli mit Cima Cadin di San
Lucano und, jenseits der Scharte, Cima
Cadin Nord-Est.

Cadinspitzen und Misurinasee
vor den Bergen der
Ampezzaner Dolomiten:
Marmarole, Antelao, Sorapis
(von links).
Die Harmonie und Schönheit dieser
Bilder sollen nicht über die Tatsache
hinwegtäuschen, daß wir in der
Erschließung der Dolomiten zu weit
gegangen sind.
Ein Umdenken tut Not.

„S.O.S.-Dolomiten. Wenn wir ihnen
nicht zu Hilfe eilen, sind sie verloren.
Erstickt durch Asphalt und Zement,
eingeschnürt durch Hunderte von
Kilometern Stahlseil. Eile ist geboten,
denn jeden Tag, jeden Monat, jedes Jahr
wird ein Stück herrlicher und einmaliger
Dolomitenumwelt unwiederbringlich
zerstört, und mit ihr auch die Kultur der
seit jeher darin lebenden Bevölkerung,
der Ladiner."
Daniela Detomas Da Pont
Nur alle gemeinsam können wir einige
wilde Inseln als Dolomiten-Wildnis
retten.

Die Sextener Dolomiten: Links unten im
Bild die grünen Hänge des
Kreuzbergpasses, links oben, zwischen den
Wolken, die Karnischen Alpen, dann weiter
rechts die Erhebungen der Poperagruppe,
der Hochbrunner Schneide und der
„Sextener Sonnenuhr" (ganz rechts im Bild
am Horizont der Zwölferkofel).

Die Möglichkeit hält agil

Das Massiv der Sextener Dolomiten gilt vielen als Inbegriff der Dolomiten schlechthin. Vor allem die Drei Zinnen sind es, die das Klischee geprägt haben. In diesem Bergland zwischen Haunold und Misurinasee gibt es eine Vielzahl von Spielmöglichkeiten für Bergfreunde aller Ansprüche. Eine von ihnen ist die Nordwand des Hohen Zwölfers.

Als ich die rechte Nordwand des Zwölferkofels, 3094 m, erstbegehen wollte, waren schon andere „bei der Arbeit". Seile hingen in der Wand, überall steckten Haken. In unserem lausbubenhaften Übermut sollte uns diese Tatsache allerdings nicht von einem Versuch abhalten. Die schimpfenden Anwärter auf diese Erstbegehung nur haben uns bewogen, auf unseren Versuch zu verzichten. Heute frage ich mich nicht mehr, ob es gut war oder nicht, ich weiß, daß wir eine Möglichkeit verspielt haben.

Eine Möglichkeit, eine phantastische Linie durch eine der großen Dolomitenwände zu ziehen, ist mir damit zwar abhanden gekommen, eine Frage aber ist geblieben.

Damit ist auch eine Anregung geblieben, und ich spiele mit dem Gedanken, diese Route morgen einmal zu wiederholen. Zumindest kennenlernen möchte ich die Linien, damals geträumt und nicht gelebt. Solange ich es könnte, ist mir dies kein Zwang, nur eine Möglichkeit. Vielleicht hält gerade sie mich jung, agil.

Die große klassische Route an der Nordseite des Zwölfers wurde 1932 von den Brüdern Schranzhofer über die Nordkante eröffnet. Die Kletterhöhe von 700 Metern und Schwierigkeiten im V. und VI. Grad machen sie auch heute noch zu einer sehr anspruchsvollen Unternehmung.

Konrad Renzler, der diesen Anstieg wiederholt hat, berichtet:

„Es war an einem düsteren Februartag des Jahres 1962, als ich mit Siegfried Baumgartner in die Schranzhoferroute einstieg, um die erste Winterbegehung zu versuchen. Schon der Zustieg zur Wand war sehr steil und mühsam. Der Wettergott war uns auch nicht hold. Zwei Biwaks sollte uns diese Tour kosten.

Als wir den Gipfel erreichten, stürmte es dermaßen, daß wir die Orientierung ganz und gar verloren. Da begannen wir uns einfach an der Gegenseite, von der wir heraufgekommen waren, abzuseilen. Allerdings zwang uns der tosende Sturm zu einem zweiten Biwak. Da der Berggipfel wegen des Sturmwetters an diesem Tag vom Tal aus überhaupt nicht zu sehen war, machten unsere Familien sich zuhause nicht unbegründete Sorgen. Eine Rettungsaktion wurde organisiert. Inzwischen konnten wir aber weiter absteigen, so daß wir uns, zur Erleichterung aller, am Normalweg unten mit der Rettungsmannschaft treffen konnten. Damit hatten dann sowohl unsere Tour als auch der Einsatz im wahren Sinne des Wortes einen recht glücklichen Ausgang."

Am 20.7.68 wollten wir uns auf der Comici-Hütte für die Zwölfer-Direttissima treffen. Zu spät. Andere waren am Werk. Wir verzichteten. Sie hatten „lächerlich" viel Material: 25 BH, 100 NH, 20 Keile, Sitzbretter, 10 Leitern, 60 Karabiner, Daunenkleider.

(Tourenbuch 1968)

Der Zwölferkofel mit seiner Nordwand.
Links davon der Zwölferturm, unten
das Fischleintal.

Eine Nordwandgeschichte

An keinem anderen Berg der Dolomiten ist die Geschichte des extremen Kletterns mit ähnlicher Deutlichkeit auskristallisiert wie an der Nordwand der Großen Zinne in den Sextener Dolomiten.

Gaston Rebuffat, der große französische Alpinist, dem die Durchsteigung 1949 geglückt ist, skizzierte einmal sehr knapp die Problemstellung: „Ist es möglich, eine Platte zu erklettern, die auf 220 Meter regelrecht überhängend ist?" – Es ist möglich; dies bewiesen erstmals Emilio Comici und die Brüder Dimai 1933 – die Nordwand-Epoche war gerade angebrochen. Die drei wählten für die Durchsteigung eine Route im rechten Wandteil, rechts der riesigen gelben Wandpartie. „Wer dieses Leben voll ausschöpfen will, muß etwas wagen", sagt E. Comici und ich sage es auch. Wie es weiterging, hat der norddeutsche Kletterer und Autor Richard Goedeke so zusammengefaßt: „Die Wand wurde rasch populär, zeitweise übernagelt, dann wieder ausgenagelt. Später pendelte sich die Zahl der Zwischenhaken bei etwa achtzig ein." Ende der fünfziger Jahre schwand dann das Interesse an der „Comici" – neue Götter herrschten im Himmel der Klettermoden, und sie hatten schwer zu tragen an Seilen und Haken: Mit erheblichem Einsatz an technischen Hilfsmitteln „bezwangen" 1958 die Sachsen Dietrich Hasse und Lothar Brandler zusammen mit Jörg Lehne und Siegfried Löw die Wand über ihren zentralen Teil. Aus der Perspektive vieler Anhänger des Freikletterns war dies beinahe ein Vandalenakt hemmungsloser „Nagler". Ein gerechtes Urteil? Im damaligen Zeitverständnis war es eine phantastische – und weitgehend unbestrittene – alpinistische Spitzenleistung. Doch mittlerweile ist die „Hasse/Brandler" von der Entwicklung als auch vom Leistungsvermögen der Spitzenkletterer zu einer historisch weniger wichtigen Leistung degradiert worden. Sie ist über weite Strecken „frei" begehbar, das heißt ohne Hilfsmittel zur Fortbewegung.

Im Sommer 1987 kletterte sie Kurt Albert ganz „frei", gesichert natürlich an den zwischen 1956 und 1987 geschlagenen Haken.

Wer heutzutage Haken als „vollwertigen Ersatz für Griff und Tritt" ansieht wie seinerzeit Dietrich Hasse, erntet nur noch Gelächter. So ändern sich die Zeiten! Nur die Nordwand ändert sich kaum...

Emilio Comici, der heroische Bergsteiger der Dreißiger Jahre.

43   Kleine und Große Zinne von Nordwesten.

Die Zinnen aus der „gewohnten"
Perspektive: von links nach rechts
Preußturm, Punta di Frida, Kleine,
Große und Westliche Zinne.
Hinten, rechts der Bildmitte, die
Cadinigruppe und jenseits der ersten
Wolkenfront Marmarole und Sorapis.

14

145

Wohl ist die Welt so groß und weit...

Es gibt „Heimattreue"
und „Heimatverräter" in
Südtirol.
Wer ein „Heimatverräter"
ist, entscheiden nach wie
vor jene Propagandisten,
die die Südtiroler 1939
lieber im „Reich" als in
den Dolomiten sahen.

Eine Unzahl von Klettermöglichkeiten gibt es in den Drei Zinnen. Es sind eigentlich nicht drei, sondern es sind fünf Zinnen. Die Westliche, 2973 m, die Große, 2998 m, die Kleine, die Punta di Frida und der Preußturm. Die Zinnen sind Kletterberge; Wanderberge sind sie nicht. Leider kann man um die Südseite schon herumfahren; die andere Seite – die Südtiroler Nordseite – ist noch lohnendes Wanderterrain. Wenn ich irgendwo in den Dolomiten einen Bagger bezahlen würde, trotz Verbot, dann hier. Um die Straße zum Paternsattel zuzuschütten, wäre ich bereit, finanzielle Opfer zu bringen.

Vor fast genau hundert Jahren hat Sepp Innerkofler, einer der besten Felskletterer seiner Zeit, die Nordwand der Kleinen Zinne erstbegangen. Später wurde er Bergführer und Hüttenwirt auf der Drei-Zinnen-Hütte. Dann kam der Krieg. Einige Monate lang hat Innerkofler mit seinen Standschützen – Bauern, Bergführern und Kleinhäuslern aus Sexten – die Dolomitenfront in diesem östlichen Abschnitt gehalten. Als die „Kaiserlichen" mit Nachschub und Hilfe anrückten, fühlte er sich in seiner Beweglichkeit von den Strategen gehemmt, er, der die Drei Zinnen, die Dreischusterspitze, die Sextener Rotwand und die Hochbrunner Schneid kannte wie seine Hosentasche. Er fiel als Held am Gipfel des Paternkofel. Heute noch zweifeln einige alte Sextner, ob es wirklich wahr ist, daß Sepp Innerkofler 1915 am Paternkofel von den feindlichen, italienischen Alpini erschossen worden ist. Ob es nicht die eigenen Leute gewesen sind, etwa die österreichischen Offiziere, denen der „Sepp" ein zu aufmüpfiger Standschütze gewesen war, die ihn von hinten erschossen haben?

„...bis zu des Haunolds Alpenreich, das tausend Blumen deckt..." Das ist ein Zitat aus dem Bozner Bergsteigerlied, das so eindeutig und begeisternd beginnt: „Wohl ist die Welt so groß und weit und voller Sonnenschein, das allerschönste Stück davon ist doch die Heimat mein..." Karl Felderer hat mit diesem Lied die Südtiroler Geographie umrissen, und der Haunold, 2943 m, ist in der Tat ein Eck, ein Markstein für das Tirol südlich des Brenners.

Wenn ich die Abgrenzung von Heimat heute in diesem Felderer-Lied höre, stimmt mich der Gedanke traurig, daß dieselben Männer, die dieses Lied einst gedichtet, vertont und mit Begeisterung gesungen haben, dann 1939 mit Fanatismus dafür geworben und Propaganda betrieben haben, dieses „schönste Stück Welt" zu verlassen. Felderer, „der Südtirol" örtlich als Heimat definiert haben wollte, hat dem Führer Gedichte gewidmet und diese seine Heimat für ihn verraten. Bewußt oder nicht?

Welch tragischer „Zufall": Wäre es 1939 nicht zum Zweiten Weltkrieg gekommen, ich wäre vermutlich in den Karpaten und nicht in den Dolomiten aufgewachsen. Meine Eltern hatten „für Deutschland" optiert...

47

Wo König Ortler seine
Stirn hoch in die Lüfte
reckt, bis zu des Haunolds
Alpenreich, das tausend
Blumen deckt:

Dort ist mein schönes
Heimatland mit seinem
schweren Leid, mit seinen
stolzen Bergeshöhn,
mit seiner stolzen Freud!

Karl Felderer

(aus „Wohl ist die Welt so groß und
weit", 2. Strophe)

Der Haunold mit Blick ins Pustertal.
Am Horizont, von links, Hochgall in der
Rieserfernergruppe, in der Mitte die
Venedigergruppe mit Rötspitze und
Dreiherrenspitze; rechts der
Großvenediger.

Der Monte Piano war im Ersten Weltkrieg
ein taktisch relevanter Punkt. Auf ihn
waren Vorposten stationiert. Die Nordkuppe
wurde von den Österreichern gehalten, die
Südkuppe von den Italienern hart verteidigt.
Erbitterte Kämpfe tobten um die kleine
Fläche. Landesschützen, Artilleristen,
Landessturmbataillone, Standschützen-
kompanien und Alpini standen sich
feindlich gegenüber. Hin und her wechselte
die Front, zwischen Nord- und Südkuppe.
Soldaten auf beiden Seiten – auf beiden
Seiten Menschen. Was ist heute geblieben
von all dem Schnauben des Marsgottes?
Verlassene Stollen und Schützengräben,
oxydierte Patronenhülsen, ein paar Mythen
um Tapferkeit und Tod, ein Meer von
Kreuzen, die keine Gipfelkreuze sind.
Sie fragen stumm: „Wofür?"

Im Vordergrund rechts der Dürrenstein,
darüber die Strudelköpfe und, rechts oben
im Bild, die Civetta. Von rechts nach links
schließen sich an: Monte Pelmo, Monte
Cristallo, Piz Popena, Sorapis und
Cadinspitzen. Links in der Bildmitte der
Monte Piano.

Die Hohe Gaisl ist einer der brüchigsten Dolomitenberge. Auch das ungeschulte Auge des Nichtkletterers und der geologisch nicht Versierte kann erkennen, wie dieser Berg in sich zusammenbricht.
Die Dolomiten sind nicht ewig. Wie lange mag es noch dauern, bis der Zeitraffer der Erdgeschichte aus den steilen Dolomiten sanfte, bewachsene Hügel machen wird?

Die Unübersichtlichkeit geologischer
Launen: Detail Hohe Gaisl.

Die Kunst, eine Felswand
Stück für Stück aufzuschlüsseln,
Gestein nach Festigkeit
und Struktur von unten
„mit den Augen"
abzutasten,
habe ich als Bub in den
Dolomiten gelernt.

Wettlauf mit der Sonne

Der Dürrenstein gehört zu den Dolomitengipfeln, die tatsächlich allen alpinistischen Ansprüchen gerecht werden. Er zieht Wanderer ebenso an wie Kletterer und Skibergsteiger. Luis Vonmetz, der ihn als Ganzjahresziel schätzt, meint:

„Wer das Gebiet um die Plätzwiese nicht kennt, täte gut daran, diese Bekanntschaft schleunigst nachzuholen. Eingebettet zwischen Dürrenstein, Kleiner Gaisl und Seekofel gehört Plätz zum Kernstück der ‚Bleichen Berge‘. Majestätisch stehen Cristallo und Popena mit ihren roten Felsen und ihrem ewigen Eis über uns.

Der Dürrenstein ist einer meiner Lieblingsberge. Ich habe ihn im Sommer und im Winter kennengelernt. Seine Nordwand ist zwar nicht die schönste – etwas brüchig und kalt –, aber dafür ist man allein. Wenn im Frühjahr die verschneiten Hänge auffirnen, dann freut sich der Skibergsteiger, der seine runden Schwünge ins unberührte Weiß zeichnet und zischend zu Tal braust.

Ein Erlebnis besonderer Art ist ein Sonnenaufgang am Gipfel: Das Tal ist schwarz und die Scheinwerfer meines Wagens durchschneiden die Nacht. Auf Plätz graut es schon, und mit flotten Schritten steige ich die Matten hinauf. Ein Vogelschrei ist der einzige Laut. Ich muß mich beeilen, wenn ich den Wettlauf mit der Sonne gewinnen will. Es wird heller und heller, und gerade noch rechtzeitig erreiche ich keuchend das Gipfelkreuz.

Der Osten ist wie rotes Gold, ein Meer von Spitzen und Zacken. Und dann erlebe ich die Geburt eines neuen Tages. ‚Es stößt seine blitzende Klinge der Morgen ins Firmament, entfaltet sein blaues Banner, darinnen die Sonne brennt.‘ Das Lied fällt mir ein, wie oft haben wir es gesungen. Zaghaft zuerst, ein frecher Strahl und dann der glühende Sonnenball, der sich höher und höher schiebt, dunkelrot vorerst, dann greller, bis er golden am Himmel steht – der Sieg eines neuen Tages über die Nacht.“

Auf Skitour in den Dolomiten.
Der Dritte von links
Reinhold Messner (1960).

Jeder hat seinen Everest

Hoch über dem Pustertal, über Wäldern, Almen und Bauernweilern, ragen abseits die Felsen von Dürrenstein, Haunold und Seekofel in den Himmel.

Die Bauern haben früher vom Bergsteigen nicht viel gehalten. Die Berge waren da, aber hinaufgegangen ist man nur, wenn man mußte. Anfangs sind nur Kleinhäusler und Hirten dem Träger- und Bergführerberuf nachgegangen. Als dieser eine Erwerbsmöglichkeit wurde, ist ein Berufsstand daraus geworden.

Der Seekofel über dem Pragser Wildsee ist eigentlich ein klassischer Wander- und Aussichtsberg, der auf dem Normalweg dank einiger Sicherungen keinerlei Schwierigkeiten bietet. Seine Nordwand, die „Schau-Seite" vom See her, ist allerdings ein wildes Labyrinth, ein selten betretenes überdies.

Bei einem Alpenvereinsausflug zum Pragser Wildsee benutzten mein Bruder Günther und ich die Gelegenheit, die Seekofel-Nordwand zu durchsteigen. Die Erinnerung ist in mir deshalb noch so lebendig, weil ich damals weder wußte, daß dort eine Route existiert, noch kannte ich einen Führer. Von niemand hätte ich einen Ratschlag erhalten können. So wie ich mit 35 Jahren in die Ungewißheit Tibets oder später in die Antarktis aufbrach, so stieg ich als Fünfzehnjähriger in diese gewaltige, von Schluchten und Pfeilern durchzogene Wand ein.

„Abenteuer" ist ein relativer Begriff, abhängig von der Leistungsgrenze und der eigenen Erfahrung. Für den einen ist der Everest wirklich der höchste Berg der Welt, für den anderen ist es der Rosengarten. Jeder findet seinen Everest. Für einen Seher kann eine Wanderung vom Fedaiasee in die Sellagruppe das bedeuten, was für Hermann Buhl der Aufstieg zum Nanga Parbat war.

Ein Sommer allein auf mittelschweren Wegen: Sommer 61:

Kleine Fermeda: Nordwestwand ; Schnee ;

Südwand ;

Viele gemachte Touren wiederhole ich im Alleingang!

Nordwand mit Günther ;

S-0 kante ; öftes gemacht ; mit Helmuth ; Günther, Alfred, Toni ;

Schlucht zw. gr. u. kl. Fermeda ; Erstbegehung ?

SW-Kante ; mit Günther ;

Grosse Fermeda: Südostkante ; Helmuth u. Günther 7. ;

Ostwand ; Erich, Günther u. Vater ;

Cisleser Odla : Normalweg ; mit Helmuth ;

S-0 kanthe ;

Kassnapoff Turm ; extremes Abseilmanöver ; allein ;

Sass Rigais : SW Grat ;

Kleine Zinne : Normalweg ; mit Tschurtschenthaler Gunther ;

Seekofel : Nordkante ; Sturm u Schnee

(Aus Tourenbuch 1961)

158

57

Luis Trenker hat willentlich und manchmal
unwillentlich Begehungen gemacht, die der
Krieg ihm diktiert hat. Als ehemaliger
Kaiserjäger hat er ein kurzes Erlebnis zu
erzählen:
„Ich war damals ein junger Leutnant und
hatte schon vor dem Krieg manches erlebt.
Ich war nicht nur Bergsteiger, ich habe mich
auch für Architektur und andere Disziplinen interessiert. Ich erlebte die Zeiten der
Wiener Sezession, Klimt und Kokoschka
waren Zeitgenossen, Piffrader mein
Landsmann. Für Piffrader stand ich Modell
fürs Kaiserjägerdenkmal, das in Innsbruck
zu sehen ist. Für mich war der Erste
Weltkrieg allerdings etwas anderes als für
Hans Piffrader Modell zu stehen.
Der Krieg war eben der Krieg. Ein Erlebnis
hatte ich allerdings, das mir klarwerden
ließ, daß es sogar im größten Greuel des
Krieges noch menschliche Regungen gab,
die man sich an der Front in Fels und Eis
nicht erwartet hätte: Auf Patrouille bin ich
einmal Gesicht an Gesicht, Gewehrlauf
gegen Gewehrlauf, mit einem Alpinisolda-
ten gestanden.
Ich dachte mir, jetzt müsse es aus sein, doch
der Italiener schrie: ‚Vai via – geh weg!‘ Und
ich ging weg – und lebe heute noch.“

Panorama der Fanisgruppe: von links
nach rechts Conturines, Zehner- und
Neunerspitze, davor Cima Scotoni,
Lagazuoi- und Fanisturm. Unter dem
Lagazuoiturm ist, vom Kar ausgehend, die
Forcella Lagazuoi zu sehen.

Die drei Schwestern streben von der
Dämmerung ins Licht. Vorne die
Tofana di Rozes, rechts die Tofana di
Mezzo, links die Tofana di Fuori.

Licht und Schatten in der Tofanagruppe:
Vorne, schneebedeckt, die Tofana di
Rozes, darüber die Tofana di Fuori.
Leicht rechts die Tofana di Mezzo.

161

An der Grenze des Kletterbaren

Die Tofanen sind wie drei Schwestern. Wie im Himalaja, wo die Einheimischen vielfach in mehreren Berggestalten Schwestern zu erkennen glauben, hieß es auch unter den Bewohnern der Dolomiten, solange niemand auf die Berge kletterte, die drei Tofanen seien drei Schwestern. Die imposanteste der drei ist die Tofana di Rozes, 3225 m. Das schönste der drei Mädchen? Mit ihrem ausgedehnten Amphitheater in der Südwand und mit einer Unmenge von Kletterrouten durch die Wandflucht, die zum Falzaregopaß abbricht, bietet sie Anregungen und einen überwältigenden Anblick. Warum ist sie für den Kletterer die schönste von allen? Sie ist am steilsten, nicht für jedermann zugänglich und mit einem Schleier von Geheimnis umgeben.

Der Heiligkreuzkofel, 2908 m hoch, fällt mit einer fast sechshundert Meter hohen Wand nach Pedraces im Gadertal ab. Von Osten her ist der Gipfel ein Schrofenbuckel und leicht zu erreichen. Die Westflanke aber war lange Zeit unbekannt.
Von den Geislerspitzen aus hatte ich die Schluchten, die in ihr hinaufziehen, als Kind schon entdeckt. Sie haben mir aber nicht imponiert. Erst nachdem ich den Livanospfeiler, die längste aller Routen dort, in seiner ganzen Länge zweitbegangen hatte, wuchs meine Neugierde. Nach und nach habe ich mehrere neue Routen am Heiligkreuzkofel geklettert, so die „Große Mauer" und vor allem den „Mittelpfeiler", der bis heute meine schwierigste Klettertour geblieben ist.

Notgedrungen bin ich damals über meine Fähigkeiten hinausgeklettert. Mitten in der Wand blieb ich stecken. Verzweiflung! Ich kam weder hinauf noch hinunter. Auch hatte ich keine Bohrhaken dabei. Da habe ich erstmals jene Grenze übersprungen, die mir meine Psyche und meine Physis vorgegeben haben. Die Platte im oberen Drittel des Mittelpfeilers ist vielleicht nur vier Meter hoch, aber „spiegelglatt". Eine halbe Stunde lang habe ich versucht, da hinaufzukommen. In absoluter Exposition. Dann riskierte ich Kopf und Kragen und gewann. Heute, mit dem jetzigen „Kletterstandard" und den modernen Sicherungsmethoden, ist die Platte wiederholbar geworden. Sie bleibt aber da oben immer noch an der obersten Grenze des Kletterbaren. Sonst würde sie nicht dauernd umgangen werden. So habe ich sie damals beschrieben:
„Quergang nach rechts in eine Nische (neuer Ausbruch) – Stand. Nun sehr schwieriger Rechtsgang (A2; VI) bis zu Haken. Pendelquergang zu einem 8 m tieferliegenden abschüssigen Band und Quergang nach rechts auf die abgerundete Kante. Stand.
3 m nach rechts in einen Riß. In ihm hoch und Quergang nach rechts in eine seichte Verschneidung. Frei (VI⁺) weiter auf ein Bändchen unter einer an die Wand gespickte Schuppe. Nun an der Schuppe hoch und frei über Platten (V) zu Stand auf Bändern. Frei über die Ausbauchungen hinweg in Richtung Gipfelverschneidung" (Routenbeschreibung, 1968).

Reinhold und Günther Messner beim Zustieg zum Heiligkreuzgipfel (1968).
Zwischen den Bäumen der Livanospfeiler.

Der Heiligkreuzkofel.

Der Westpfeiler des Monte Cavallo wurde vom 12.–15. August 1953 von den beiden Franzosen Georg Livanos und Robert Gabriel erstmals begangen.
Die beiden Franzosen biwakierten dreimal in der Wand und benötigten 31 Stunden reine Kletterzeit. Sie schlugen 153 Zwischenhaken und 21 Standhaken. Die Wiederholer fanden ungefähr 20 Haken im Pfeiler.

Der „Mittelpfeiler" zählt, frei begangen, zusammen mit einigen Routen durch die Marmolada-Südwand und an den Zinnen-Nordwänden zum Schwierigsten, was in den Dolomiten bis heute geklettert wurde.

163

Die Geislerspitzen von Nordwesten, linker Teil. Von links Sass dell'Ega, Odla di Valdussa, Furchetta, Sass Rigais, Kleiner Sass Rigais.

Reinhold Messner
in der Ostwand
der Großen Fermeda
(1960).

Die Geislerspitzen von Nordwesten,
rechter Teil. Von links Sass de Mezdì,
Villnösser Odla, Villnösser Turm,
Großer Fermeda, Kleine Fermeda.

Literatur

Bei der Arbeit an diesem Buch haben wir zur Klärung vieler Sachfragen auf das Dolomiten-Alpenvereinsführerwerk zurückgegriffen, das in Zusammenarbeit vom Deutschen und Österreichischen Alpenverein und vom Alpenverein Südtirol herausgegeben und vom Bergverlag Rudolf Rother in München verlegt wird. Die Bände sind ausnahmslos nach den Richtlinien der UIAA erarbeitet und hinsichtlich ihres editorischen Aufwands und ihrer Vollständigkeit nahezu konkurrenzlos. Bisher sind folgende Bände erschienen:

Andreas Kubin: Civettagruppe, München 1981

Jürgen und Angelika Schmidt:
    Cristallogruppe und Pomagagnonzug,
    München 1981

Ernst Eugen Stiebritz: Geisler- und Steviagruppe,
    München 1981

Heinz Mariacher: Marmolada-Hauptkamm,
    München 1983

Richard Goedeke: Pelmo mit Bosconero, Moiazza,
    Tàmer/San Sebastiano, München 1981

Ernst Eugen Stiebritz: Puez- und Peitlerkofelgruppe
    mit Plose und Astjochkamm, München 1985

Richard Goedeke: Schiara mit Prampèr-Mezzodì,
    Talvèna, Monti del Sole und dem Monte Pizzocco
    (Feltriner Dolomiten), München 1981

Egon Pracht: Sellagruppe, München 1980

Richard Goedeke: Sextener Dolomiten,
    München 1983

Darüber hinaus wurde an Führerliteratur verwendet:

Ernst Höhne: Kleiner Führer durch die Ampezzaner
    Dolomiten, München 1977

Franz Hauleitner: Feltriner Dolomiten,
    München 1977

Hannsjörg Hager: Kleiner Führer Dolomiten-
    Rosengarten, München 1981

Franz Hauleitner: Führer durch die Zoldiner und
    Belluneser Dolomiten, München 1980

Auch alle diese Führer sind im Bergverlag Rudolf Rother erschienen.

Berichte aus der alpinistischen Erschließungsgeschichte der Dolomiten sind Legion. Nahezu jeder bedeutende Bergsteiger der zurückliegenden 135 Jahre war hier unterwegs, und kaum einer von ihnen hat nicht darüber berichtet. Wichtige Dokumente finden sich vor allem in den Jahrbüchern des Österreichischen und Deutschen Alpenvereins (im internen Sprachgebrauch „Zeitschrift") und in den „Mitteilungen" beider Vereine, den Berichten aus dem Vereinsleben.

Daneben verdienen aus den verschiedenen Epochen des Alpinismus besonders folgende Werke Beachtung:

Walter Bonatti, Berge – meine Berge, Rüschlikon-
Zürich 1964

Emilio Comici, Berge – Klettern. Ein Leben, München o.J.

Paul Grohmann, Wanderungen in den Dolomiten.
Wien 1877

Pierre Mazeaud, Schritte himmelwärts, München
1968

Reinhold Messner, Der siebte Grad, München 1973

Gaston Rébuffat, Sterne und Stürme – Die großen
Nordwände der Alpen, München 1955

Einen recht umfassenden Überblick über die Erschließungsgeschichte auch der Dolomiten enthalten:

Wilhelm Lehner, Die Eroberung der Alpen, Leipzig/Zürich 1924, sowie

Karl Ziak, Der Mensch und die Berge, Salzburg 1981

Inhalt

Ein Großteil der Abbildungen dieses Bandes wurden
mit Leica-R4S-Kameras und Leitz-Elmarit- und
Summicron-Objektiven aufgenommen.
Wir danken dem Leitz-Profi-Service, Wetzlar,
für die Unterstützung und Beratung.

Der Dank der Autoren und des Verlages gilt allen, die
bei der Entstehung dieses Werkes mitgeholfen haben,
insbesondere Frau Annalena Bugamelli der
Firma I-BUGA und dem Pilotenkollegen Heinz
Wolf. Wichtige Informationen insbesondere zur
Auswertung des sehr umfangreichen Bildmaterials
beziehungsweise Textbeiträge haben geliefert:
Hans Dosser, Günther Gasser, Hannsjörg Hager,
Hanspaul Menara, Konrad Renzler und Luis
Vonmetz.
Besonderer Dank gilt auch Herrn Luis Trenker
für die freundliche Überlassung von Texten, sowie
dem Bergverlag Rudolf Rother, München, der für die
redaktionelle Arbeit die Führerliteratur zur
Verfügung gestellt hat.
Für das Vorsatz vorne Dank an die Bayerische
Staatsbibliothek, München, für das Vorsatz hinten an
die ACT, Rovereto, und für das Emblem zur
200-Jahr-Feier an das Landesverkehrsamt
für Südtirol.

Genehmigte Sonderausgabe für Weltbild Verlag GmbH, Augsburg

Überarbeitete und erweiterte Lizenzausgabe des 1987
im Tappeiner Verlag, Bozen, erschienenen Bildbandes
Dolomiten – Neue Perspektiven

© 1988 by F. A. Herbig Verlagsbuchhandlung
München · Berlin

Alle Rechte für die deutsche Ausgabe, mit Ausnahme von Südtirol, vorbehalten
Bildrechte: Jakob Tappeiner
Genehmigungsnummer der Flugaufnahmen durch das
„Stato Maggiore dell'Aeronautica Roma"
I-BUGA u. AVI ALPI
SMA Nr. 507 v. 20. 9. 84 - Nr. 423/394 v. 28. 8. 84
Nr. 258 v. 27. 5. 78 - Nr. 413 v. 21. 9. 78 - Nr. 349 v. 19. 11. 79
Nr. 1103 v. 16. 10. 87

Fotosatz: Oswald Theiner OHG, Bozen, und Atelier Hans Numberger, München
Reproduktionen: Lana-Repro, Lana (BZ) und Gebr. Czech, München
Druck und Binden: Gorenjski tisk, Krain, Jugoslavia
Printed in Jugoslavia 1990
ISBN 3-7766-1545-1